"中国劳模"系列丛书

U0726662

中国劳模

浦江造船的筑梦人
洪　刚

蒋玉恒◎著

吉林出版集团股份有限公司
全国百佳图书出版单位

图书在版编目（ＣＩＰ）数据

浦江造船的筑梦人：洪刚 / 蒋玉恒著. -- 长春：
吉林出版集团股份有限公司, 2024.9
（"中国劳模"系列丛书 / 徐强主编）
ISBN 978-7-5731-5102-5

Ⅰ.①浦… Ⅱ.①蒋… Ⅲ.①洪刚－传记 Ⅳ.
①K826.16

中国国家版本馆CIP数据核字（2024）第109649号

PU JIANG ZAO CHUAN DE ZHU MENG REN: HONG GANG

浦江造船的筑梦人：洪刚

出 版 人	于　强	
主　　编	徐　强	
著　者	蒋玉恒	
组稿统筹	东北师范大学文学院创意写作研究中心	
责任编辑	杨亚仙	
装帧设计	刘美丽	

出　　版	吉林出版集团股份有限公司	
发　　行	吉林出版集团社科图书有限公司	
地　　址	吉林省长春市南关区福祉大路5788号　邮编：130118	
印　　刷	唐山富达印务有限公司	
电　　话	0431-81629711（总编办）	
抖 音 号	吉林出版集团社科图书有限公司　37009026326	

开　　本	710 mm×1000 mm　1 / 16	
印　　张	9	
字　　数	90 千字	
版　　次	2024 年 9 月第 1 版	
印　　次	2024 年 9 月第 1 次印刷	

书　　号	ISBN 978-7-5731-5102-5	
定　　价	55.00 元	

如有印装质量问题，请与市场营销中心联系调换。0431-81629729

序　言

　　劳动创造财富，劳动创造幸福，劳动创造未来。习近平总书记在2020年全国劳动模范和先进工作者表彰大会上的讲话中指出："全社会要崇尚劳动、见贤思齐，加大对劳动模范和先进工作者的宣传力度，讲好劳模故事、讲好劳动故事、讲好工匠故事，弘扬劳动最光荣、劳动最崇高、劳动最伟大、劳动最美丽的社会风尚。"当今世界，综合国力的竞争归根到底是科技人才和高素质劳动者的竞争。改革开放以来，我们强大的工人队伍用辛勤的劳动和拼搏奉献的精神推动中国制造、中国智造、中国创造走向世界的前列，使新时代的中国面貌日新月异。大力弘扬劳模精神、劳动精神、工匠精神，加强高素质技能人才队伍建设，打造一支宏大的知识型、技能型、创新型劳动者队伍，是伟大时代赋予我们的历史责任。

　　劳动模范是民族的精英、人民的楷模，是共和国的功臣。自改革开放以来，广大职工勇立改革潮头，独立自主，奋发图强，勇于创新，其中涌现出一批批全国劳模和大国工匠。他们参与建设了代表中国高度、中国速度、中国深度的一系列重大工程，提升了国家实力，打造了"中国名片"，树立了"中国品牌"，增添了"中国力量"，充分释放出工人阶级的创新活力，展示出大国工匠的强大创造力。他们以工人阶级的满腔热忱在各自平凡的工作岗位上取得了辉煌的成绩，书写了新时代的壮丽篇章。

爱岗敬业、争创一流、艰苦奋斗、勇于创新、淡泊名利、甘于奉献的劳模精神，崇尚劳动、热爱劳动、辛勤劳动、诚实劳动的劳动精神和执着专注、精益求精、一丝不苟、追求卓越的工匠精神，是广大劳动群众在社会生产实践中锤炼形成的弥足珍贵的精神财富，是工人阶级伟大品格的具体体现，是民族精神和时代精神的生动诠释。民族复兴需要劳动模范，祖国强盛需要大国工匠，中国制造、中国智造、中国创造更需要大国工匠的强有力支撑。劳模、工匠等的成长故事、先进事迹中承载的劳模精神、劳动精神和工匠精神，是激励全国各族人民团结奋斗、勇往直前的强大精神力量。

"中国劳模"系列丛书，采用图文结合的方式，讲述全国劳模、大国工匠和先进工作者们的成长经历及他们追梦、筑梦、圆梦的故事，用他们在平凡岗位上创造不平凡业绩的真实故事感染读者，推动形成劳动最光荣、劳动最崇高、劳动最伟大、劳动最美丽的社会风尚，引导广大技术工人和青少年形成劳动光荣、技能宝贵、创造伟大的观念。

"匠心筑梦，强国有我。"新时代是一个万象更新、生机勃勃的时代，也是一个继往开来、创新创业和建功立业的大时代。希望广大读者能以劳动模范为榜样，以大国工匠为楷模，立志技能报国、技术强国，踔厉奋发，勇毅前行，锤炼思想品格，汲取劳动智慧，勇于担当、勤于钻研、甘于奉献，为推进新型工业化和乡村振兴，为加快建设制造强国、质量强国、航天强国、交通强国、网络强国、数字中国、农业强国，全面建设社会主义现代化国家贡献青春力量。

中华全国总工会副主席（兼）

中国航天科技集团有限公司第一研究院

211厂14车间高凤林班组组长

2022年11月

扫码解锁

◉群英颂歌◉成才之路
◉工匠技艺◉奋斗底色

　　洪刚，汉族，1977年生，浙江省衢州市龙游县溪口镇溪西村人。船舶焊接高级技师，上海外高桥造船有限公司工艺工法部首席技能大师，上海市浦东新区总工会副主席（兼职）。

　　洪刚既是争创一流的高级技师，亦是心怀群众的人大代表。

　　洪刚从事船舶焊接工作已经20余年，他攻坚克难，勇于创新，和团队一起获得多项专利。他淡泊名利、甘于奉献，关注在沪农民工的基本生存问题，在担任上海市人大代表期间，多次提出合理化建议。创新与奉献，是他人生的主旋律！

　　1997年，洪刚毕业于浙江省衢州市龙游县溪口镇溪口中学（高中），随后进入三星重工业（宁波）有限公司，从事焊接工作。

　　2001年，洪刚进入上海外高桥造船有限公司，在制造部从事焊接工作。

2008年，洪刚光荣加入中国共产党，当选为上海市人大代表。

2010年，洪刚被评为全国劳动模范。

2012年，洪刚当选为党的十八大代表。

2014年8月至2019年9月，洪刚担任上海外高桥造船有限公司加工部部长助理。

2016年7月，洪刚担任上海市浦东新区总工会副主席（兼职）。

2019年，洪刚被邀请参加庆祝中华人民共和国成立70周年大会。

2019年9月至2022年3月，洪刚担任上海外高桥造船有限公司制造部部长助理。

2022年3月至今，洪刚担任上海外高桥造船有限公司工艺工法部首席技能大师。

在工作之余，洪刚努力学习，提升学历，希望把所学知识运用到工作中，更高效地解决问题。2008年3月至2010年7月，洪刚在中央广播电视大学工商管理专业学习；2011年9月至2014年1月，洪刚在西南科技大学法学专业学习，获得本科文凭。

面对无数荣誉和名利，洪刚依旧保持谦虚谨慎、艰苦奋斗的作风。他常说："我们要在船舶事业上实现中国领先、世界一流的愿景，加快建设制造强国、质量强国、交通强国，为实现我们党的第二个百年奋斗目标而不懈努力！"

目 录

引　子

他是谁？

清晨，太阳从地平线上露出脑袋，向大地洒下第一缕光芒。五星红旗缓缓升起，伴随着昂扬奋进的国歌，飘扬在湛蓝的天空下。观礼台上有一个庄重而严肃的人，高声地唱着国歌，每一词、每一句都洪亮而自信！他就是应邀参加庆祝中华人民共和国成立70周年大会的劳动模范——洪刚！

前一天晚上，洪刚反复整理第二天要穿的衣服，每一个衣角都扯整齐了，每一处褶皱都熨平了，每一处细节都要处理完美。他想象着第二天的大会，那一定是宏伟壮观、气势磅礴的场面。他怀着激动的心情进入了梦乡！

大会当天的早上6点，他准时到场，跟随工作人员来到观礼台，到指定位置坐下，等待大会开始。他静静地坐着，脑海里回想着工作事务、同事和家人。此刻他最思念的是亲爱的母亲。他多么希望母亲还健在，希望母亲能听到他赴京观礼的好消息，希望母亲能在电视机前看见中华人民共和国成立70周年大会的盛大

⊙ 2019年国庆节，洪刚赴京观礼

场景，为祖国自豪，为他自豪。他深刻地明白，这一路走来，不仅依靠家人的理解，依靠领导、同事、朋友的支持，更依靠日益进步的大时代。没有祖国的繁荣昌盛，哪有自己的成长？作为受邀观礼的一员，他感到莫大的幸福和光荣。

洪刚的同事和亲人们，都在这一天给他打电话祝贺并询问观礼事宜，他一一在电话里回复大家，并和大家共同祝贺中华人民共和国成立70周年。

上午10点，太阳的光芒洒向大地，整个天安门城楼披上了一层金色的光辉，在蔚蓝天空的映衬下，显得格外庄严宏伟。微风吹拂，各个区域的人们都整装立正，洪刚也立刻整理仪容，抖擞精神，面向天安门城楼主席台，用最大的热情迎接我们亲爱的、敬爱的党和国家领导人。

领导人们挥手示意完毕，70响礼炮鸣放，悦耳的声音响彻整个天安门广场，也透入洪刚的心房。到了齐唱国歌的环节，在人群里，洪刚的声音是最响亮的。他的声音如其名，洪亮、自信、刚健有力！那一刻，他不仅唱出了自己的澎湃激情，也唱出了对祖国未来的希望。

接下来，习近平总书记讲话，洪刚非常认真地去听每一个字，并牢记于心。之后，阅兵仪式开始，各个队伍一一走过，洪刚站起身，挥动小旗子高声欢呼。在整整齐齐的方阵里，军人们

⊙ 2019年国庆节，洪刚（右一）观礼

迈着整齐有序的步伐，每一步，都走出了中国军人的威严，走出了中国人自信昂扬的精神面貌。这样宏伟壮观的景象，这样鼓乐齐鸣的热烈气氛，深深地感染了洪刚，他一直站着，欢呼着。如果有人此刻采访他，他会自信地说："祖国强大了，离实现中华民族伟大复兴的中国梦更进一步了，我为祖国骄傲！"

当洪刚看到游行花车缓缓驶过，老兵和其他老模范们挥手打招呼，他也激动地挥手，热情地回应着。他想着，自己也是一名劳动模范，代表上海市的农民工，代表一个艰苦奋斗的群体。这么多年扎根一线的工作经历，让他明白基层工作者的艰难，懂得其他模范代表的辛苦，也更加理解"劳动模范"的含义。想到这里，看到游行花车上的老兵和其他模范代表们，他热泪盈眶。当初，他只是一名基层电焊工，怀揣着梦想，兢兢业业，一步一个脚印往前走。在公司的支持下，在伙伴们的配合下，他勇于创新，和团队一起取得多项发明专利。现在，他立志在船舶行业的工艺技术领域里，继续和团队伙伴们一起研究，开辟新的道路，把自己的工作融入中华民族伟大复兴的事业中！

第一章　扬帆启航，追梦远方

从农村出来的耿直少年

1977年，洪刚出生于浙江省龙游县溪口镇溪西村。溪口镇位于龙游县城以南23千米处，坐落于浙西大竹海之中。这里有清澈见底的溪水、蜿蜒曲折的山路、连绵不断的山峰。山雾缭绕，空气清新，风景秀丽。放眼望去，满山苍翠。

洪刚的父亲是一个泥瓦工，靠手艺吃饭。在洪刚的印象里，父亲沉默寡言，比较严肃，自己和妹妹都有些怕他。每天放学回家，洪刚和妹妹一路上都嬉笑打闹，快到家门口时，看见严肃的父亲，两人都不敢说话了，赶快进屋去。但是，他们的母亲格外慈爱温柔。洪刚的母亲早年做些小生意，性格开朗，善于交际。相较于严肃的父亲，母亲就像晴朗的天空，常年阳光灿烂。

在洪刚的记忆中，奶奶的教育和母亲的关爱是他成长道路上不可或缺的宝贵财富。

由于父母要出去干活，年幼的洪刚就被托付给奶奶照顾。洪刚的奶奶没有什么文化，但是，她是一个厚道的人，在她的言传身教之下，洪刚健康成长，品性优秀，拥有一颗耿直、厚道、博爱的心。有一次，洪刚和邻居的小孩打闹，一不小心弄破了邻居小孩的头。洪刚的奶奶知道后，非常着急，连连说道："这可如何是好？这可如何是好？……"

洪刚还小，调皮不懂事，奶奶就想借此事教育他一下，于是就亲自拉着他去邻居家道歉。洪刚亲眼看见奶奶把一筐鸡蛋递给邻居，又从贴身的衣服里拿出一个布包，一层层打开后，里面有几十块钱。洪刚知道，那是奶奶攒了很久的钱。奶奶平时很节省，舍不得吃，舍不得穿，辛辛苦苦才把钱攒起来。奶奶把钱递给邻居，邻居说："没事的，没事的，小孩子打打闹闹，有些磕磕碰碰是正常的。"洪刚看着邻居又把鸡蛋和钱还给奶奶，心里很不是滋味。虽然最后邻居没有收鸡蛋和钱，但洪刚在心里暗暗发誓，以后坚决不给奶奶惹事，听奶奶的话，做个乖孩子。后来，洪刚就经常帮助奶奶做一些力所能及的事情，比如帮奶奶拔草。在言谈举止方面，奶奶对洪刚也十分严格。比如，吃饭的时候不要说话；米饭掉到地上要拾起来；不要说"不吃了"，而要说"吃饱了"；要乐于助人，懂得感恩……总之，奶奶要求他和妹妹积极向上，讲文明、有礼貌。这些关于诚实、厚道、爱护弱小、文明礼貌的教育在洪刚幼小的心中种下了一颗种子，让他成为一个有责任心、品德优秀、关爱他人的人。

　　年少时，洪刚是一个勤劳肯干的好孩子。从小学到中学，洪刚一直都是班里的劳动委员。每周班级大扫除时，他从来不让老师操心，总会积极地组织大家打扫卫生，给每个同学分配打扫任务。当然，干活时，他也是冲在最前面的那个人。同学需要帮助时，他也会积极帮忙。当学校有重大的义务劳动活动时，他会组织大家积极响应学校的号召，听从学校的安排。有一次，学校要扩建操场，需要学生把家里的二轮手推车拉到学校去运泥土。洪刚二话不说，飞奔回家，拉着自家的二轮手推车就冲到了学校。在运送水泥时，他总是让同学多装一些，这样他们小组可以多运一些。当有同学需要他扶一把、拉一下时，他也会冲过去帮忙。他勤劳勇敢、积极肯干，大家都很喜欢和他做搭档。在同学们心里，洪刚是一个勤劳的、乐于助人的好同学，大家都很喜欢他。

　　为了减轻家庭负担，洪刚会在课余时间做一些小生意，赚钱补贴家用。从初中开始，他每年暑假都会做一些小生意。洪刚的大伯在镇里的菜市场收购火腿和猪小肠，每天早上都忙得不可开交。于是，洪刚就找到大伯，说："大伯，我想跟你一起做点小生意！"大伯看着洪刚坚定的目光，觉得可以让他锻炼一下，于是就把收猪小肠的工作交给了他，每根猪小肠洪刚可以赚两元钱。这样既可以帮助家里减轻经济负担，又可以让他小赚一笔。洪刚接手这个生意后，高兴了好几天。

　　每天清早，天刚微亮，洪刚就骑着"二八大杠"出发了。他年纪小，个子不是很高，还坐不到座位上，所以只能一只脚从横梁下钻过去，踩在脚镫子上一点一点地往前骑。远远看去，这自行车比洪刚还"壮实"。那时候的马路可不像现在的马路这么平坦，泥土路面上铺满小石子，高高低低，踩上去咯吱咯吱地响。洪刚每天去村里收猪小肠，刚开始的时候收得少，重量小，他还有力气踩着自行车往前走。但是，随着收到的猪小肠越来越多，重量也越来越大，洪刚骑车就很吃力了，遇到坡度稍微大一点的上坡路，就只能下车去推。当时，他最喜欢骑下坡路，脚一蹬，不用使力气，"嗖"的一下，自行车就冲了出去，风呼呼作响，那感觉太爽了。但有一次，意外发生了！轮胎碰到了一块比较大的石头，车身抖了一下，方向变了，车把也不受控制了，无法刹车，他心里非常害怕。为了保护猪小肠，他只能用右脚蹬地面，想让自行车停下来。他既害怕又紧张，两条腿发软，右脚多次与地面碰撞，传来一阵阵钻心的疼痛。但他更担心自行车和猪小肠，手自始至终都没有放开车把。当他把猪小肠交给大伯回到家后，母亲看到他那副惨状，心疼得哭了。洪刚的脚又青又肿，还有些破皮，小石子进了肉里，渗出一丝丝血。母亲用手从他的脚上挖出好几颗小石子，嘴里一直念叨着"你这个傻孩子"。那会儿在路上，洪刚就觉得脚很痛，但他咬牙坚持下来，没流一滴眼泪。这时候，他感受到了母亲的疼爱，再也不能假装坚强，忍不住扑在母亲的怀里放声大哭起来。

　　洪刚每年暑假都勤工俭学，做小生意，这些实践让他提高了与人沟通的能力，也为他后来与同伴协调工作打下了语言交际的基础。在勤工俭学的过程中，他深深地体会到了父母的不容易。后来，他毕业进入社会工作，一直努力着，希望能成为父母心中的骄傲。

"我要走！"

　　1997年，洪刚高中毕业了，进入三星重工业（宁波）有限公司工作。在这里，他工作了四年。这是一家外企，主要为外国船厂代加工，主营业务为造船和机械铸造。其中造船部分的业务包括船用零件、设备和船体分段制造。

　　分段制造是现代船厂建造船体时常用的方法。早些时候，实际需求简单，船型单一，船体结构单一，所以多数情况下采用一体式造船法，如先安装龙骨，再装船肋……但随着社会的发展，人们需要多样的船型，船舶行业为满足实际要求，分析各种船体的结构，发现分段制造船体是效率最高的方法。造船厂会根据现有的生产工艺、起重设备等条件，初步把船体分为若干份，分别建造完成，然后在船台上根据安装次序，对准中心线和平行线，把分段体整合在一起，形成船体。在此过程中，人们还需要时刻注意船体的变形情况，随时调整安装技术。总的来看，分段制造船体的工作量，在整体工作中占很大的比例。洪刚所在的部门就负责船体分段制造，他和兄弟们要承担许多工作任务。

洪刚从基础的电焊工做起。一开始，他不会使用焊枪，只知道"抱锄头"似的胡乱挥舞，师傅手把手地教，他也努力练习，进步飞快。后来，他被评为先进员工，还获得了去国外学习的机会。

当时，洪刚工作的公司生产的都是小型船，在异国他乡，他第一次见到大船。船先驶入船坞，然后开闸放水，水流进船坞，水面升高，大船缓缓浮上来，用拖轮拉着它，慢慢驶出船坞。在蓝天白云的映衬之下，大船那巍峨高大的身影，深深地震撼着洪刚！

洪刚从国外培训回来，就萌生了辞职的想法。恰逢此时，他的合同也到期了。他思索良久，决定不再续签。

他所在的公司，是一个代加工工厂。该公司根据客户的要求制订方案，服务不同的客户，公司本身的灵活度很低，不重视研发，很难有创新。这样的代加工工厂发展前景不确定。另外，一艘大船，由船体外板、船底、龙骨、舱壁、舷侧、甲板、上层建筑等各个部分组成，1997年到2001年，这四年时间里，洪刚虽然每天都与船体分段焊接打交道，但从来没有从远处看到过整艘船的模样。他向往大海，希望亲眼看见自己参与建造的巨轮从船坞驶向海洋。

更重要的是，我国的船舶工业已经开始发展了，他想投身于祖国自己的船舶工业建设事业中。

在我国的工业行业分类目录中，船舶工业是指各种制造船舶的工业，具有五大特征：沿海沿河建造、技术含量高、重量巨大、体量巨大、人员密集。1999年，中国船舶工业发展的第三阶段接近尾声，即将进入第四阶段。这时，中国船舶工业总公司改组为中国船舶工业集团公司和中国船舶重工集团公司，实行政企分开，产业和科研机构相互配合、优势互补，开始将产品推向国际市场。

到了2000年，全国造船产量已经达到250万吨，这时，我国成为世界第三大造船国家。在2000年前后的短短几年里，全国各地进行了新一轮的造船基础设施建设，各个公司相继成立，并获得重大突破性进展。如1998年，福建省船舶工业集团有限公司正式挂牌，沪东重机股份有限公司成立；2000年，在海军四八○五厂，当时亚洲最大的5 000吨升降船台（船坞）完美收官。不得不提的是，当时中国船舶工业集团旗下的上海外高桥造船有限公司，第一期建设即将完工，正等待着有志之士的到来！

回想当时，洪刚做出辞职这个决定是很艰难的。他的薪资已经达到每月4 000元，伙伴们都很羡慕他。外企老板想跟他续签，把一份长期劳动合同放在他的面前，苦苦挽留。他看着劳动合同，犹豫了很久。他明白中国的造船行业尚在发展中，他看中的上海外高桥造船有限公司才成立两年，自己也只有四年电焊工经验，如果跳槽，未来的路可能会很艰难。但是，他心中那个"船行大海"的梦想在呼唤着他。

他对外企老板说："我要走！"

最终，他放弃长期合同，毅然决定辞职，离开外企！

梦想开始的地方

2001年，洪刚前脚刚辞掉外企的工作，后脚就迈进了上海外高桥造船基地的大门。上海外高桥造船基地在浦东新区的高东镇，位于长江口南港河段的南岸，是目前我国现代化程度最高的大型船舶总装厂。

回溯历史，我国受地理环境因素影响，在所有交通工具中，船舶几乎算得上最经济实惠的交通工具了。我国水系众多，水资源丰富，船舶运输极为便利。如东北地区有著名的黑龙江、松花江、乌苏里江等，自西向东，流向太平洋；秦岭—淮河以北地区有海河、黄河，也是自西向东，流向太平洋；秦岭—淮河以南地区有长江、珠江等流进太平洋；另外，我国还有西北地区的塔里木河、伊犁河等。这些河流分布在全国各地，粗略计算，可以通航的河道在41万千米左右，其中轮船可航行的河道不少于14万千米。并且我国临海，从北到南依次为渤海、黄海、东海、南海，海岸线总长度为18 000余千米，其中有14 000余千米的海岸线围绕着大陆。我们因地制宜发展经济，沿海和内河用船舶运输，有利于促进地区经济繁荣。另外，随着我国在国际上的地位日益凸显，为了参与更多的国际贸易合作，提高我国的声誉，我国大力发展远洋运输经济。因此，船舶是一种相当重要的交通工具，发展船舶工业在国民经济建设中极其重要。

当时，根据国务院审批通过的开工报告，上海外高桥造船基地的建设初步规划了200多万平方米，分为两期进行。第一期于1999年开工，于2003年竣工。一期工程占地面积约150万平方米，岸线长度约1 500米，建筑面积达18.97万平方米。其中，建造两个船坞，三个舾装码头。1999年10月18日，上海外高桥造船基地正式开工建设。到了2001年，上海外高桥造船基地的一期建设尚未完工，洪刚一行人只看到了基地的雏形。洪刚始终记得，他和几个小伙伴初进上海外高桥造船基地的情景：正在建造的船体加工和装配车间、船台、临时简易的住宿棚、到处可见的脚手架……这是一家正在建设中的企业。

领导给洪刚几个人安排的工作任务是给建筑电焊工"扫尾"，检查电焊有没有漏焊，如果有漏焊，就及时补上。这里的建筑焊工都拥有相关的建筑知识和焊接技能，他们通常负责管道、压力容器以及其他设备的焊接，如焊接船舶管道。船舶管道是船舶上连接各种机械设备的管道，用来传送船上所需的水、油、气等物资，其焊接质量直接影响船舶建造质量和使用性能。洪刚和兄弟们只能做一些边缘性工作，如检查焊接质量，以确保结构具有安全性等。在岗位分类上，洪刚和兄弟们只能算协力工，个人的发展前景不明朗。协力工比临时工要正式一些，虽然也做一些简单的粗活，但不是重体力活。另外，在技术上，洪刚之前在外企的四年电焊工工作经验在这里也只能算基础，他的技能无法在短时间内获得较大的提升。正在建设中的企业只能给洪刚和兄弟们比较低的待遇：每月收入1 300元，住的是简易的临时住宿棚，睡的是十多人的通铺，没有空调。

干了几个月之后，几个兄弟因为心理落差太大，就和洪刚私下商议：

"老哥，这工作待遇，还不如当初在外企的呢。"一个小伙伴对洪刚说。

"要不，咱们走吧。"另一个小伙伴也对洪刚说。

洪刚皱了皱眉头，想了想，说："我不想走。"

站在门口，看着几个兄弟背着行囊远去的背影渐渐模糊，洪刚深感惋惜。综合各种因素，在对未来不确定的情况之下，每个人都有自己的选择。兄弟们选择离开，洪刚也表示理解，但他决定留下来，是因为他觉得，这里是梦想开始的地方！

奇怪的梦

洪刚为什么会选择留下来呢？这要从他小时候做的一个梦说起。

洪刚记得，小时候，家门口有一条小溪，那是祖辈浣衣洗脚的地方。他曾在小溪里嬉戏玩乐，但从未看见小船经过。偶尔有调皮爱玩的小孩，叠一只纸船放进小溪里，纸船摇摇晃晃，伴随着欢笑声漂走了。看着纸船漂向溪流远处，洪刚陷入了沉思：纸船漂向了哪里？大船是什么样的？小溪的尽头是大海吗？

有一晚，洪刚做了一个奇怪的梦，他梦见：月亮当空，夜色清明，晚风轻拂两岸的树枝，湖面泛着银光。这时，一位长髯飘飘的老人，驾着一叶小舟贴水前行，平静的湖面被犁开两道水波。转瞬间，老人消失在夜色里。

梦醒后，他久久地回想这个场景。

他问父亲："大船是什么样的？""大海在哪里？"

父亲没有立刻回答他，而是亲自给他做了一只小船，告诉他："我们的祖辈都是跑船的。你长大后也可以乘着大船走得很远很远，那最远的地方叫大海。"

从此，"大船""大海"，这两个词语如同两颗星星，一直闪耀在洪刚的心里。洪刚幻想的"船行大海"，应当是这样的场景：在湛蓝的晴空下，一艘大船缓缓驶来，船首划开海面，海鸥一会儿在上空盘旋，一会儿冲向海面。极目远眺，在海天相接处，阵阵浪花翻涌。"船行大海"是洪刚的梦想，这如同一个动力源，激励着他在人生的道路上，怀揣着希望，全力向前奔跑，冲向一个美丽的远方。

在外企，他无法实现自己的梦想，于是，他和几个兄弟日夜兼程来到上海外高桥造船基地，然而现实的冷水泼在几人身上，熬不住的兄弟离开了。

洪刚不想走！因为自己虽然只是一名协力工，但目前上海外高桥造船基地正在建设中，根据规划和设计，这里未来肯定是一个具有世界先进水平的现代化总装船厂。只要坚持下去，他一定会看到自己亲手参与建造的大船从这里驶向大海。企业建立初期，也是他人生的起步阶段，他怀揣着梦想，决定坚持做下去。他坚定地相信，未来祖国的船舶工业一定能发展到一个更高的层次。

当上班长

洪刚当初进上海外高桥造船有限公司时，分到的工号是80003，他一直保存着那张工号卡。直到今天，洪刚还会拿出来反复摩挲。他说："这个工号，我保存了22年，因为它是第一代上海外高桥造船有限公司职工的标志，它见证了我与企业共同成长的历程。"

2001年10月1日，这是一个令洪刚难忘的日子。公司预计在当年的11月正式投产，所以在10月份，各个部门都要尽快确定人员的职务。洪刚所在的车间属于制造部门，主要负责船体部件、船体分段的装配与焊接工作。这是一线部门，承担大部分基础工作，人员职务和工作任务的安排更要迅速落实。

作业长宣布："马上就要生产了，现在需要分班，谁愿意当班长，自己站出来竞聘。"

一时间台下鸦雀无声，工人们都面面相觑，没有主意。

过了一会儿，一个洪亮的声音从人群中传出来："我愿意当班长！"

洪刚从人群中走出来，在大家的注视下站得笔直。

洪刚所在的队伍有几十个工人，大都来自五湖四海，生活阅历不一样，性格脾气也不一样。他们瞧着这个敦实的男人，议论纷纷。

作业长抬抬手，示意大家安静下来，并且叫洪刚说一下自己的想法。

洪刚挺直腰板，声音洪亮，非常自信地说出三个理由："第一，我的技术和安全意识经过锤炼，有能力帮助班组解决问题。第二，我与同伴们朝夕相处，彼此相处融洽有感情，方便后续的沟通工作。第三，我办事公道，性格耿直，有责任心，也愿意为大家服务。"

话音刚落，人群里就爆发出热烈的掌声。爽直、朴实、真诚的品德，为他赢得了所有人的信任，就这样，洪刚当上了20个协力工的班长。

第二章　船行大海，激流勇进

扫码解锁

◎群英颂歌◎成才之路
◎工匠技艺◎奋斗底色

挑战开始了

大船行驶在海上，总要接受暴风雨的洗礼。

预料之中，洪刚的挑战来了！

洪刚和同伴们接到了第一个任务：焊接17.5万吨级"好望角"型散货船的主机基座！这是上海外高桥造船基地正式投产以来最大的订单，也是中国造船行业迄今为止吨位最大的散货船。

散货船是散装货船的简称，一般用来运输煤炭、矿石、木材等不加包扎的货物。"好望角"是一种大吨位船型的名称。好望角型散货船是指，在远洋航行中，可以在恶劣天气通过好望角或者南美洲海角、载重在18万吨左右的干散货船。

焊接17.5万吨级散货船的主机基座，劳动强度很高，任务艰巨，洪刚也感到头疼。

以往的建造经验，有没有可以参考的呢？答案是：有，但是太少了。

船舶工业史上有几艘散货船非常有名。

第一艘，"长城"号散货船。它是改革开放后，我国第一艘按照国际标准自主设计建造的大型远洋船舶。该船由七○八研究所负责设计、大连造船厂负责建造的。1982年1月4日，2.7万吨远洋散货船"长城"号在大连造船厂完工，交付香港联成轮船有限公司使用。"长城"号的成功交付叩开了中国船舶走向世界的大门！

第二艘，"祥瑞"号散货船。该船是由江南造船厂与泰昌祥轮船（香港）有限公司合作设计的首艘6.4万吨巴拿马型散货轮，船长225米，型宽32.2米，型深18米，设计吃水12.5米，入法国船级社。1987年10月，"祥瑞"号完工，交付使用。"祥瑞"号散货船是中国首艘进入伦敦租船市场的船舶。

第三艘，"好望角"型散货船。1991年8月15日，中国与比利时船东正式签订15万吨级"好望角"型散货船建造合同。由此，我国造船企业进入了国际"好望角"型散货船造船市场。

从建造史来看，截至2001年，散货船的建造历史太短，可借鉴的经验太少。另外，以往已建成的巨大吨位散货船屈指可数，没有可参考的同吨位船型。所以，上海外高桥造船有限公司为泰昌祥轮船（香港）有限公司建造的17.5万吨级"好望角"型散货船，是当时国内建造的最大吨位散货船，也是上海外高桥造船有限公司第一个大订单，更是洪刚职业生涯中面临的第一个大挑战。

打退堂鼓？那不是洪刚的作风。洪刚硬着头皮接下了焊接任务。此时，他需要从宏观的视角去分析工作。他现在不是一名普通的焊工，只需要完成自己的工作就好，他站在班长这个岗位上，要承担责任，要同整个班组一起完成任务，要尽快提高自己的专业知识水平，以便更好地协助各个焊工兄弟进行工作。

首先，为了了解主机基座的构造和作用，他查阅了许多资料。洪刚明白，17.5万吨级的散货船行驶在大海里，面临着重大的安全考验。为了保证这样大吨位的散货船的安全，在船体建造的初期，他就必须有极高的要求。船体只有具有可靠的水密性和足够的坚固性，才能避免事故的发生。船体是船舶的躯体，由船底、甲板、龙骨、船首柱、船尾柱等构件组成。在船体建造初期，他要考虑机器设备的安装问题。机器设备需要固定在船体的底座结构上，这个底座结构，就叫基座。对于船舶来说，基座是一个十分重要的结构，可以固定主机、辅机、锅炉等设备。当船行驶在海面上，遇到风浪时，船体会摇晃，需要基座把机器设备的重量传递给船体，从而保证船体和设备的稳定。洪刚他们的任务是焊接主机基座，这个任务非常艰巨，容不得一丝一毫的偏差。

其次，洪刚分析了任务量。从整体来看，17.5万吨级散货船的主机基座，规模宏大，只有把人员和对应任务都分配合理，才能按时完成进度。洪刚把焊接任务量和人数统计出来之后，确定每个阶段的任务，并确定每天每人的工作量，并且时常跟进进度。在工作期间，他也会对焊工兄弟们反复强调主机基座的重要性，告诉大家一定要保证焊接质量。焊接技术是关键技术，也是支撑技术，会体现整个船体建造的优劣，占总工时和总成本较大的比重。焊接17.5万吨级散货船的主机基座，对于只有四年电焊工作经验的洪刚来说，也是一个巨大的考验，他需要经常翻看专业技术书，还要经常向领导和老师傅请教。不仅如此，人员分配方面也考验着洪刚的带队能力。例如，班组里有技术熟练灵活的老员工，也有手法稚嫩生疏的新员工，大家的焊接技术水平并不一致。如何合理地安排任务？如何充分调动本组成员的工作积极性？如何加快进度，让本组能按时完成任务？这些都是洪刚每天要思考的问题。

作为班长，洪刚要清楚每一个环节的焊接顺序，并且要让所有焊工兄弟们都按照焊接顺序严格执行。严格遵守焊接顺序，是保证焊接质量的重要条件。因此，洪刚要在脑海里形成一套焊接流程及对应的时间节点，从而进行任务分配。另外，为了避免产生较大的变形，基座必须有足够的强度和刚度才能承受住外力作用，这就对焊接技术提出了更高的要求。比如，基座与船体之间的连接处，要采用连续焊接的方式，以保证焊接的牢固性和可靠性。就这样一个小小的工艺步骤，洪刚也看了很多遍专业书，他一边在现场操作，一边回忆理论知识，将理论和实践相结合，于是，很快掌握了这个工艺步骤。

洪刚回忆基座焊接总工艺流程和要求，他一边思考，一边仔细地记下步骤，在小本子上画出流程图。作为班长，他必须熟悉每一个焊接步骤。他把这些步骤在脑海里过了无数遍。首先，他要在平台上画出安装线，如主机座中心线。再和焊工兄弟们把各个部分的钢板固定在平台上。然后，根据钢板的厚度，估算开坡口的角度，预留尺寸。其次，他叮嘱小组成员做好清洁工作，如清理焊缝坡口边缘；要严格按照焊接顺序进行操作，从中间往两端焊接，从上到下焊接，并且随时观察变形情况。最后，全部焊接完毕后，拆除之前的定位焊，观察是否有变形的情况，如果有，需及时矫正，安装在底板上。

洪刚把这些流程的时间节点细化到每一天。每天上班前，他都要把当天的工作内容、工艺流程、需要达到的要求写在黑板上，落实到每个焊工兄弟的身上。

洪刚虽然只是一个班长，但他肩上的压力是很大的。洪刚是一个严格要求自己、非常有耐心、善于沟通的人。工作期间，他不仅要来回巡检全班进度，对于每个焊工兄弟的工作成果，他都要进行检查。如果发现问题，他会与焊工兄弟们交流，改正错误，并且照顾到每个焊工兄弟的情绪，鼓励大家积极完成任务。同时，他要及时与船东沟通。船东的要求很高，洪刚会尽力协调，争取用最有效的方式快速解决问题。所以，大家经常看到他在兄弟们和船东之间来回奔跑，忙碌的身影穿梭在车间里。同时，作为焊工兄弟们中的一员，他还要完成自己的工作，并且争取做到最好，起表率作用。从早到晚，洪刚像一个旋转的陀螺，几乎没有休息时间，他不是在完成自己的工作任务，就是在解决同伴的工作问题。他认真、负责、有耐心的工作态度，使他获得了船东和焊工兄弟的敬佩和信任。渐渐地，一旦有问题，大家第一反应就是找洪刚，洪刚就会立刻投入其中，帮助大家解决问题，他也因此成了同伴们的主心骨。

在焊接主机基座期间，他们也遇到了许多技术难题。比如，如何防止焊接变形。由于主机基座的焊接质量要求较高，他们要严格控制焊接变形和防止焊缝缺陷。其中，T形部件比较多，也容易产生变形，比如主机座的纵桁板、横隔板和横肘板在焊接后要保持平整，因为变形会影响主机的安装质量。因此，在焊接时，洪刚要观察同伴们的工作状况，随时测量基座的变形情况，及时调整焊接顺序，以控制焊接变形。

另外，散货船的主机基座由各种钢板组成。在焊接横隔板、

⊙ 我国的品牌船型——17.5万吨级绿色环保"好望角"型散货船（2004年）

纵桁板、横肘板时，要特别注意角接缝，不能漏焊。而且，小隔舱和夹角很多，不容易开展焊接工作。钢板与钢板之间会形成许多小隔舱，那些钢板特别厚，小隔舱又很小，最小的小隔舱高度只有50多厘米，焊接时，人要爬进去，蜷曲着身子工作。焊接的温度、角度、方式，都要仔细考虑。再加上空间太小，施展不开，既要保证焊接质量又要保证自身安全是非常难的。此时，焊工不仅要有娴熟过硬的技术，还要具有坚强的毅力，才能完成任务。根据焊接需要，洪刚在小隔舱里面翻来翻去，不断调整姿势，工作服与隔舱壁来回摩擦。好多次，洪刚进去时穿的是一条完整的工作裤，出来时变成了"开裆裤"，人也筋疲力尽，脖子、手腕等关节处十分酸痛，只想躺在地上休息。

2001年到2003年，整整两年时间，洪刚和焊工兄弟们每天起早贪黑地工作，一起攻克难关。2003年6月25日，他们终于完工了。这次，洪刚和他的焊工兄弟们顺利、按时地完成了17.5万吨级散货船的主机基座焊接任务，也配合其他部门推进工作进度，为完成造船任务做出了巨大的贡献。

这艘17.5万吨级"好望角"型散货船，被命名为"祥瑞"号，准时交付泰昌祥轮船（香港）有限公司。这是上海外高桥造船基地成立以来建造完工的第一艘船，是造船行业的一个重要里程碑，改写了上海不能建造10万吨级船舶的历史。同时，这艘船被列入国家重大装备创新研制项目，是当时国内最大的绿色环保型散货船，也是国内第一艘获得美国船级社"绿色入级符号"的船舶。"祥瑞"号的建造成功标志着中国船舶业的历史再次翻开了崭新的一页。另外，上海外高桥造船有限公司也因此从中国远洋运输（集团）总公司和泰昌祥轮船（香港）有限公司拿到了4艘同类型船舶的订单。

由于长时间高强度地工作，洪刚两年瘦了14斤。这两年里，他参与焊接大型船舶的主机基座，收获颇丰。他学会了各种基础的焊接技术，学到了许多新的焊接知识，提升了自己的专业能力。他心里坚定了一个更高远的梦想：我们国家的船舶工业已经进入第四发展阶段，接下来的目标是提升能力，扩大规模，实现跨越式发展。上海外高桥造船基地已经开始高速发展，自己的人生大船也正在前行。也许前途风雨交加，也要激流勇进，破浪前行。"中国人的手，就是要托起中国制造的大国重器"，想到这里，洪刚好像看到一艘"巨轮"缓缓下水，驶出船坞，向远方驶去。此刻晴空万里，此去当万程锦绣。

攻克每一个技术难点

在20多年的工作生涯里，洪刚接受了无数次高难度的技术挑战。回想那些造船经历，洪刚感慨良久："焊接17.5万吨级的散货船主机基座是一次对毅力和体力的考验，几乎每艘船的焊接任务都有难点，因此无论是实际操作还是理论研究，都像是一座座高山。还好，我和焊工兄弟们咬着牙关一起挺过来了。"

记得有一次，洪刚所在班组需要完成焊接船首船尾的任务。船首和船尾的钢板的弧度落差极大，最顶端的部位，犹如刀尖，必须一次性完成焊接。班组里的其他人都不敢操作，因为容易出现焊接失误，比如漏焊、变形。洪刚看到大家很为难，于是说："我是班长，难度最大的活，就应该由我来干。"只见他拿着焊枪靠近船头，屏住呼吸，在两旁焊工兄弟的协助下，小心翼翼地从船底一次性慢慢将船头焊接完成。船尾的焊接方法亦如此，都是一次性完成焊接。精湛的焊接技术让焊工兄弟们十分佩服。洪刚像刀尖上的舞者，凭脑海里的图纸，靠精湛的技艺，做到了"一步到位"。

又如，舷侧分段的焊接也比较困难。舷侧分段又称傍板分段，由傍板、肋骨和舷侧纵桁等组成，一般可分为平直形状和弯曲形状两种。洪刚和焊工兄弟们经常遇到平直的舷侧分段。平直的舷侧分段可以在平台装焊，用埋弧焊的方式进行傍板的接缝，然后装配上面的构件，按焊接顺序焊接构件和焊缝。这样的工艺流程相对简单一些，比较容易完成任务。

但弯曲的舷侧分段就不太好焊接了。洪刚和焊工兄弟们先铺傍板，防止分段焊后变形，对接缝用"马板"强制；傍板对接焊完成后，装配肋骨和舷侧纵桁；然后处理焊接构件、立角焊缝；最后用碳刨清根，进行封底焊。这样的工艺流程比较复杂，而且需要洪刚和焊工兄弟们互相配合协调。在操作时，人必须趴在钢板上，靠手上下左右移动。由于动作幅度受限，焊枪经常被钢板"咬"住。洪刚十分重视这个问题，下定决心要解决它。为了寻找"防粘"的电流电压参数，洪刚经常利用休息时间反复实验。那段时间，每天下班后，大家都走了，只有他一个人还在现场琢磨调试，最后，终于解决了这个棘手的问题，他心里别提多轻松了。

又如，在洪刚制作槽形拼板时，领导不仅要求他带徒弟，还要求他学习装配知识。这是一个机会，也是一次考验。洪刚的工作表现，大家都有目共睹。领导也看得出来，他是一个值得培养的好苗子，于是就开始给他分配一些高难度的任务来锻炼他。洪刚欣然接受了领导交代的任务，他有信心做好。他开始努力学习装配知识，并与同事们密切合作，互相学习和交流经验。

一艘大船有无数块钢质槽形拼板，但每块槽型拼板都有特定的位置，前后左右不能搞错。一次拼装下来，既考验焊工的焊接技术，又考验其立体空间思维和装配技术。于是，他开始认识到自己的知识储备和技能不够了，需要"充电"。因此，在白天，他拿起焊枪，做一个严谨的师傅，在现场指导徒弟进行槽型拼板的焊接作业，手把手教学。这样的现场实践和教学方式，既教导了徒弟，又使自己能够多次练习和巩固技术，专业能力得到进一步提高。晚上，他又转变成一个学生。灯光下，他一边看关于船体装配工艺的专业书，学习专业领域的知识，一边联系实际工作任务，理清本次设计的装配图纸。

装配图纸极其重要，必须搞懂！洪刚正在规划装配顺序。第一步，用图纸对比一下之前预制的槽形舱壁板，看是否合格，并且要按顺序把槽形舱壁板平放在平台上，检查加工精度。然后，按焊接工艺程序进行焊接。第二步，根据图纸上标注的尺寸，画出各个线条，如舱壁中心线、水线等，之后进行扶强材安装，然后焊接。最后，根据图纸尺寸，画出封底一面的扶强材安装位置线，安装扶强材，焊接剩余部分。洪刚此刻聚精会神，眉头紧锁，视线一直在图纸上移动，时而拿起笔计算、画图，时而沉浸式思索。窗外夜色朦胧，忙碌的步伐和喧嚣的声音都停止了，偶有焊工兄弟的呼噜声传来，洪刚不由得笑了，这让他紧张的神经得到了放松。洪刚在宿舍里度过了无数个平凡而充实的夜晚，这样安静学习的洪刚，与白天那个在现场挥舞着焊枪、灰头土脸、说话直来直去的粗糙汉子截然不同。此刻，他宛如一个勤奋好学、孜孜不倦的学生，拼命地吸收知识。他一直明白，学习是终身的事情，他经常一边在现场进行实践操作，一边拿起书本学习专业知识。他知道理论结合实践，才能提升自己，才能出成果。渐渐地，他学完了基本的船体装配知识，可以进行装配工作了。

在装配时，面对堆积如山而且外形看上去没有区别的钢板，洪刚具备一双鹰眼，他眼睛盯紧，脑子里不停地演示装配程序，拿着图纸反复比对装配过程。但工人操作时稍不留神，还是会搞错。有一次，洪刚的一个徒弟看错了一个零件号，把两块不相干的槽形钢板拼在了一起。此时，已到下班时间。但洪刚是一个要求严格的人，坚持所有问题，比如缺陷、拼接错误、焊接变形等必须修正和矫正完毕，才算完工。他并没有责备那个小徒弟，他想：尽快解决问题才是重要的。

他围着错误的槽形钢板转了一圈，回头对焊工兄弟们说：

"返工！"

焊工兄弟们都微微带有负面情绪，觉得洪刚太小题大做，明天整改也来得及，为什么偏偏要今天完成？但他们看见洪刚亲自走上去，把钢板重新吊了下来，也不好意思在旁边杵着了，就一起走过来帮忙。

他们割开焊缝，重新进行拼装。首次拼装时，"榫头"部位（焊接接头）光滑，用的是半自动的埋焊工艺，焊接效率高、焊缝质量好、焊件变形程度小，还节省焊接材料和电能。但是返工切割后，"榫头"部位变得高低不平，只能用手工补焊。洪刚和焊工兄弟们在这方面都很熟练，但他们依旧一点点、仔仔细细地手工补焊，没有掉以轻心，争取把焊接接头补好，不允许有焊接缺陷，因为焊接接头质量的好坏，直接影响着船舶的使用寿命和安全。历史上因焊接问题发生的事故很多。如，1935年，在日本海军的一次演习中，一艘焊接的驱逐舰突然折断。又如，1969年，日本的一艘矿石运输船在太平洋航行途中裂成两截而沉没。再如，1980年，基兰德号海上石油平台因焊接缺陷等原因，发生严重断裂倒塌事故，仅20余分钟就沉入海底，无人生还。因此，如果存在严重的焊接缺陷，可能造成部分结构断裂，甚至引发断船沉没的重大事故。洪刚和焊工兄弟们的焊接工作需要非常小心仔细。手工补焊时，洪刚也会注意观察是否有焊接缺陷，如焊缝尺寸不合要求、咬边、弧伤等。那天他们一起干到午夜12时，才完成了任务。洪刚回想装配质量评级标准，认真看了一下刚才补做的任务，确定没问题了，就通知船东来验收。当船东做了个OK的手势后，洪刚与同伴们都松了一口气。洪刚和同伴们完成了任务，都躺在地上休息，大家互相看看，脸上都露出了笑容。虽然身体疲惫不堪，但内心却充满了喜悦。这种一起面对困难和挑战的经历，是洪刚和焊工兄弟们建立信任的契机，拉近了他们的距离，坚定了他们相互支持的信念。

经过那一次返工事件，同班组的焊工兄弟们真正认识到了洪刚的严谨和一丝不苟。洪刚常说："焊接虽然是简单基础的工作，但也是造船的重要环节，容不得一丝马虎。我们连这都做不好，还能做什么？"洪刚认真负责、严肃对待工作的态度值得称赞，也让船东再次对他刮目相看。他非常耿直和诚实，不会因为迎合别人而改变自己的想法或态度，这种坚定的原则性使他赢得了船东的尊重和信任。也正是因为真诚和严肃认真，洪刚得到了焊工兄弟们的钦佩！

洪刚和焊工兄弟们通过了一个又一个高难度的技术考验。在这些考验中，洪刚专业能力飞速提高，另外，他在处理工作时，也变得更加稳重。在一步步成长的过程中，他不仅需要付出大量的时间，更需要具备坚定的意志和不断进取的精神。这种进步，将使他在未来的工作中更加得心应手，胜任各种复杂的工作。有了扎实的专业能力，接下来，他在技术创新的路上取得了一个个丰硕的成果。

用创新专利书写蓝领风采

近年来，船舶建造行业的新型材料、焊接工艺不断出现和发展，对船舶建造提出了更高的要求。焊接是船舶建造的重要环节，发展创新焊接技术尤为重要。洪刚有多年的焊接经验，又攻克了无数次高难度的技术挑战，同时，他还学习了许多专业理论知识，这为他在技术创新方面奠定了坚实的基础。

回望过去，第一次技术创新，是在2002年的一次制作船体外板的任务中。在此次任务中，洪刚由一个小班长成长为大组长，开始管理两个班组，肩上的担子更重了。

大船在海上行驶时，重力和水的压力会使船体产生变形，还会使甲板、舷侧、外壳板、船底等结构产生弯曲，因此对局部受力较大的地方应做加强。一般在建造大型船舶时，先在平台上装配焊接成平面分段，然后在船台上或车间内分片总装成总段，最后再吊上船台进行总段装焊。分段及总段对接缝的装配质量和焊接质量的好坏直接影响整个船体的建造质量。

一开始，洪刚和焊工兄弟们按照常规操作，采用"马板"加强定位甲板分段与舷侧分段，以保证合拢口结构对位准确，避免应力造成的焊接缺陷，减少焊接变形和焊接收缩，增强钢板与钢板之间的"咬合力"。但是，接下来问题出现了。在洪刚和焊工兄弟们焊接过程中遇到马板时，他们的焊枪就会卡壳。由于动作不连贯，均匀的速度突然受阻，在马板与钢板的连接处就会出现孔洞或凹陷现象，俗称"焊接缩孔"。这时，船东看着超声波探伤仪给出的数据和没达到检验合格标准的结果，就皱起眉头回办公室了。超声波探伤仪能够快速、精确地检测工件内部的多种缺陷。刚才超声波探伤仪给出的数据，显示因焊枪卡壳造成的"缩孔"问题很严重。产生缩孔的焊缝不仅会降低后续的焊接质量，还会严重影响船舶的使用寿命和安全性能。因此必须先解决焊枪卡壳问题。洪刚和焊工兄弟们反复实验了很多次，都没有找到办法。焊枪卡壳就像一只拦路虎，不解决就无法进行下一步操作。在之前的谈话中，洪刚听出了船东有想停工的意思，他着急了。

他知道停工就意味着企业付出的生产成本白费了。在企业建设初期，国家投入的建设成本很高，如果这次因为技术原因停工，那么企业的声誉会受到影响，以后谁还会信任他们公司？公司后面的发展道路将更难走。"焊枪卡壳"这个技术问题必须解决，因为以后可能会面临更多类似的难题。另外，焊工兄弟们起早贪黑地工作，辛苦这么久了，突然停工就会影响兄弟们的士气、情绪和收入。洪刚回想自己这些年在公司的工作经历，他觉得自己虽然只是一名普通的大组长，职位不高，但作为公司的一分子，要和公司同荣辱、共进退，此刻若任由船东叫停工程，公司和焊工兄弟们将面临巨大损失，他要再去争取一下，或许会有转机。

想到这里，洪刚鼓起勇气去敲了船东办公室的门。

船东看见洪刚走进来，疑惑地问："怎么了？"

洪刚说："能不能再给我们一个星期的时间，我们会想办法攻克这个技术难题。"

船东很惊讶，随即说："可以。"

船东看着洪刚离开时的坚定步伐，露出欣慰的笑容。

那一周的时间，洪刚整天围着马板转悠，查找焊枪卡壳的原因。他拿着焊枪反复操作、试验，又观察工人的操作过程。突然，他发现了一个巧妙的方法：右手拿着焊枪，当快要焊接到马板时，手指立刻离开开关，停止焊接，右手顺势带着焊枪跨过马板，然后手指立刻按下开关，焊枪继续工作，这样下来，"缩孔"问题就解决了。这一系列动作要顺畅、迅速、不停顿。

这组动作对手指的灵活性和灵敏度要求非常高。洪刚自己要首先达到这个标准，才更有说服力。于是，他每天都锻炼手指，想象手里拿着焊枪，对着开关做一些松和按的动作。从早到晚，几乎每一个空闲时间他都在练习，手指抽筋也不肯停下。这几天，经过无数次练习，他终于能做到松紧自如、随心所欲了。他的手指磨出了老茧，焊工兄弟们看在眼里，都心疼得不得了，也在心里默默敬佩这位班长大哥。

经过多次验证，这个方法是可行的。于是，洪刚把焊工兄弟们都召集起来，给他们演示了这套动作。当船东拿着探伤仪检测洪刚的工作成果时，探伤仪显示出100%合格的数据，船东也被折服了，消除了停工整改的想法。他们第一次发现洪刚不仅仅是一个性格坚韧的焊工，还具有解决问题的创新思维，船东再次肯定和表扬了他。在数据面前，焊工兄弟们看到了希望，欢腾起来，一个个投入"一指禅"的训练中。很快，"缩孔"问题迎刃而解，洪刚和焊工兄弟们也按时完成了任务。这套动作被命名为"快速跳跃马板焊接法"，专门解决"缩孔"问题。

这是洪刚第一次展现出创新思维，他也从一个焊接经验丰富的普通员工，踏入创造发明者行列。发明创新，除了需要日复一日按照常规操作完成任务之外，还需要创造性地解决技术难题。这样，既能高效地开展工作，又能在技术领域有所突破。

接下来，洪刚便在技术创新的路上越走越远。在公司的支持下，他获得了多项发明专利。此时的上海外高桥造船有限公司，也开始了第二期建设工程，继续完善以船体制造、舾装、涂装和计算机信息化应用为四大支柱的体系，制定先进的生产流程，配备一流的设备和生产线，建立现代化的造船模式，立志成为中国领先、世界先进的船舶企业。洪刚在船体制造的生产任务中，功不可没，以下几项发明专利比较典型，奠定了他在船舶焊接方面的引领地位。

第一项：找到合适的温度，自制精巧的垫板。

2007年4月30日，上海外高桥造船有限公司完成了30万吨海上浮式生产储油船（FPSO）的船体工程任务。这是我国迄今为止，完全自主设计并建造的吨位最大、造价最高、技术最新的海上浮式生产储油船，它被命名为"海洋石油117"号，这艘船标志着我国在FPSO的设计与建造领域已跻身世界先进行列。在此储油船的建造过程中，洪刚和焊工兄弟们承接了克令吊筒体和消防管的焊接任务。

克令吊又称为船上吊机，是船用起重机，一般用于装卸大型货物，它具有起重能力大、操纵方便的特点。克令吊主要由吊臂及吊臂托架、驾驶室塔身、克令吊筒身以及机电设备等组成。在焊接的过程中，洪刚和焊工兄弟们遇到了一个难题：由于板材厚度达到了60毫米，精度误差不能超过3毫米，在焊接过程中，正在焊接的焊材和已烧结的焊缝之间形成的温差，容易造成焊缝爆裂。为了解决这个难题，洪刚日夜在现场和焊工兄弟们商量对策。他琢磨，既然是温差造成的爆裂，那么只有保持工件、焊材、焊缝的同步恒温，才能防止爆裂。究竟多少度才是合适的呢？洪刚一次次地试验，得到了一组组数据，与工程师等技术人员反复探讨。实践与理论的结合，使洪刚找到了将工件、焊接材料、焊缝均加温到150摄氏度的最佳温度点。爆裂问题解决了，但新的问题又出现了，真是一山放过一山拦。150摄氏度，对于人体来说，实在太高了。即使穿着加厚的工作鞋踩在加工中的工件上，脚底都会被烫出水泡。洪刚想，只需要解决"烫脚底板"的问题就可以了。于是，洪刚又自制了精巧的垫板，既能保护焊工兄弟们的脚板，又不影响进度。克令吊筒体和消防管的焊接任务如期完成，在超声波探伤时，一次检验合格率分别达到99.6%和99.8%。

看着检测数据，船东露出笑容，洪刚和焊工兄弟们更是高兴得手舞足蹈。在造船业，甲方既对质量无限苛求，又催促按时完工，乙方则希望一次过关，不要反复折腾。说起来，甲乙双方这对欢喜冤家谁也离不开谁，却又是"天敌"。但这次，面对几近完美的数据，船东忍不住给企业写来了表扬信。这封表扬信，既是对洪刚和焊工兄弟们辛苦工作的肯定，也进一步激发了洪刚继续技术创新的动力。

第二项：研制了T排垂形焊工装置。

洪刚和焊工兄弟们经常接到加工T形工件的任务。按照一般的流程，先要放在平地上加工，但T形的那一横，恰好与地面形成斜角，造成焊材烧结时不均匀，导致"单边上口焊角不足"。对此，他们十分苦恼。洪刚仔细观察了角度，研制了T排垂形焊工装置。这样，通过"平改坡"的方式，不仅解决了焊材烧结不均匀的问题，还提高了1.5倍的工作效率。

第三项：发明锚链管制作平台。

有一次，洪刚接到了锚链管焊接任务，预计锚链管装配好后是一个直径1.3米，长度12米，板厚40毫米左右的筒体，共有两条焊缝。他把任务分配好，就开始干活了。

这时，有位师傅找到洪刚，说："班长呀，这个活没法干了，我们根本蹲不住，脚底太烫了。"收到师傅的反馈，洪刚立刻来到筒体上查看。他亲自操作了一遍，果然没过两分钟，他也蹲不住了。洪刚只好安排两名师傅在旁边等待温度降下去再接着焊接。

工友们按照原有的计划进行工作，但洪刚时刻都把这件事情挂在心上。他想：全手工操作，不仅费时费力，还不安全，不能这么干了，一定要尽快想出一个可实施的好办法！

　　洪刚多次和班组里的师傅们讨论解决方法，也多次和领导沟通，但始终都没有一个结果。直到有一次，他回老家探亲，恰好亲戚家新房上梁，他从中获得了灵感，于是发明了"锚链管制作平台"，解决了这个问题。

　　记得那天，洪刚在亲戚家新房上梁的现场，只见工匠们搭起脚手架将大梁垂直水平上移。他脑海里顿时灵光闪现：圆形钢筒是固定不能动的，为什么不能搭个可以升降的平台，铺设钢轨，将自动焊机放在平台上移动呢？

　　这时，亲戚拉着他喝"上梁酒"，但他急于把灵感"变现"。他趁亲戚们不注意，一闪身溜回了家，把灵感变成了图纸。后来，他和焊工兄弟们以及技术领导一起努力，于是管道制作平台的辅助焊接工装被发明出来了。这项发明，改变了原有的焊接模式：原来需要两个人蹲在上边焊接，现在焊工只要用手工焊打个底，就可以用埋弧自动焊焊接了，平台还可以根据不同筒体的直径升高或降低。这样一来，人工只需要原来的五分之一，效率却提升了三倍。本来三天的工作量，现在一天就能完成了。焊工兄弟们再也不会被烫到，十分安全。

　　事后，亲戚跟他开玩笑："你当了全国劳模，世面见得多了，不认穷亲戚了。"

　　洪刚并没有因为自己获得的荣誉而变得高傲和冷漠，他也跟着笑笑，但不解释。只见他端起大碗，咕咚咕咚连干三碗亲戚家自酿的土酒，生生把自己像木桩一样放倒了。他并不在意亲戚们的玩笑，他只注重亲情和乡情，他用实际行动表达了对亲戚们的感谢。

如今，"锚链管制作平台"已经成为专利技术，不仅效率高、省人力，还十分安全，在上海外高桥造船有限公司得到广泛推广。

第四项：设计了一个1 500瓦的变压器柱子。

角焊机的电箱高压输入电为380伏，通过变压器变压为电焊可用的24伏。原本，一台变压器只能连接一台角焊机。由于插座少，变压器经常要移动，造成机械损坏。

洪刚心想："工区有那么多的角焊机，一直这么倒腾可不行，损坏率太高了！"

于是，他设计了一个1 500瓦的变压器柱子，上面布满了插孔。从此以后，工人使用角焊机，再也不用拖着变压器满地走，直接在变压器柱子上连接角焊机就可以了，省时省力，还减少耗材。

第五项：设计一个"聪明夹"。

焊接筋板时，由于正反两面都要焊接，很不方便。洪刚再次进行技术改革，他提出"改进焊脚焊接工艺"设想，并设计了一

⊙ 2007年，洪刚在生产现场

个"聪明夹"，把焊枪夹住，从正面绕到背面。仅此一项工艺改进，不仅将焊接误差控制在0.2毫米以内，每年还为企业节约支出180余万元。

第六项：发明了"管道制作平台"和"折弯器"等新型应用专利。

2015年7月27日，18000 TEU集装箱船"达飞·瓦斯科·达伽马"号完工。这艘集装箱船是由七〇八研究所设计，上海外高桥造船有限公司建造的超大型箱船，总长399.2米，型宽54米，型深30.2米，设计吃水14.5米，服务航速22.2节，入级法国船级社。这艘船见证了上海外高桥造船有限公司智能转型、绿色发展道路上具有里程碑意义的历史性时刻，也意味着我国已经完全具备设计并建造超大型箱船的能力。

集装箱运输，是一种高效率的运输方式，只需要将货物集合组装成集装单元，运用大型装卸机械和大型载运船只、车辆等，就可以进行装卸搬运并完成运输任务。集装箱船，又称"货柜船"，近年来，全球许多国家进出口的杂货都使用集装箱运输，这样既可以节约装卸劳动力，提高装卸效率，减少运输费用，又可以减少货物的损耗和损失，保证运输质量。

这艘18000 TEU集装箱船是我国迄今为止建造的最大的集装箱船。我国集装箱船研制发展速度很快。我国建造的第一艘集装箱船是1978年9月26日交付的"平乡城"号，它运载了162个集装箱，从上海启航，开通了我国第一条国际集装箱运输班轮航线——上海至澳大利亚集装箱班轮航线。1978年到2015年，中国集装箱航运由初创到强大，正向着大型化、高速化，多用途方向发展。现在18000 TEU的成功交付，是"外高桥"智能转型、绿色发展道路上的又一里程碑。

在建造过程中，洪刚和焊工兄弟们遇到了超厚板焊接量大、精度不易控制的难题。洪刚每天都跑现场，与领导、船东和焊工兄弟们沟通，力求找到更有效的方法解决难题。

通过对关键分段质量控制点的梳理、明确焊装顺序和要求等措施，洪刚解决了难题，并发明了"管道制作平台"和"折弯器"等新型应用专利。

另外，针对小组立箱体精度控制难的问题，洪刚摸索出改善产品质量的"八步工作法"，并联合公司精度管理部，为部门培训了一支M.K师①队伍。小组立箱体精度一次合格率由原来的82%提升到现在的85.3%，小组立箱体精度最终合格率由原来的91.5%提升到96.2%，达到行业领先水平。并且，针对角焊机焊接双层底管筋板只能烧单面的问题，洪刚和技术小组潜心研究，通过在角焊机上增加连接杆，实现角焊机正面行走的同时能达到反面焊

---

① M.K师：即划线师，具有高水平的识图能力。

接的目的，这一改造使双层底焊接效率提升了26%。

第七项：发明磁性工装。

2015年，洪刚多次获得了参加外部调研学习的机会。如赴烟台大宇（DSSC）、启东中远船务、长兴重工、临港海工、奉贤中联重科、唐山开元集团和山海关桥梁厂等地调研自动化项目推进工作，不仅提升了团队对自动化国内推进现状的掌握，也强化了部门对自动装备推进工作的信心和应用。在系统学习后，洪刚在生产过程中大力推进工装创新应用。小组在立箱装配作业过程中，需要使用焊接马板和铁砧等工装来辅助完成装配作业，这样一方面会在母材上产生焊疤，增加对母材的伤害，同时处理母材焊疤伤害又会造成工时和耗材的浪费；另一方面，各种旧式工装的频繁使用也增大了操作人员的安全隐患。为了改变这种作业效率低、劳动强度大、危险系数高、耗材消耗多的作业方式，洪刚深入现场调研、倾听员工意见、反复进行试验，最终发现以磁性工装代替一直使用的老式工装，不但可以保护母材、提高质量、降低劳动强度、节约工时，还可以减少作业人员在作业过程中的安全隐患。经过洪刚的大力推广，目前这种磁性工装已在部件作业区全面应用。新工装的使用，大大提高了装配作业的生产效率和产品质量，较好地降低了操作人员面临的安全风险，同时减少了浪费，优化了生产过程。

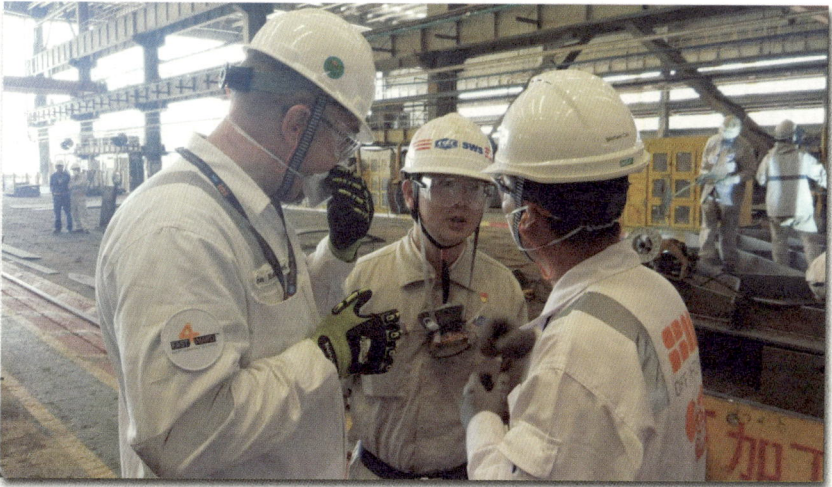

⊙ 2015年，洪刚（中）与船东沟通

洪刚的这些创新发明，不仅保障了焊接的品质，还提高了加工效率，同时改善了工人的工作环境。这些创新发明，在公司的支持下获得了多个奖项，申请了多项专利，证明了"蓝领也能成为发明家"。洪刚岗位成才、创新发明的事迹被媒体报道后，点燃了上海外高桥造船有限公司职工学文化、学知识、学技术的热情，目前上海市政府推出的政策留住了大量技能型人才，也让技能型人才在企业中有了归属感。洪刚不仅在技术创新上取得累累硕果，也在精细化管理方面开拓了一片宽广的领域。

精细化管理之降本增效

2011年到2019年，是新中国船舶工业发展的第五阶段。这一时期，国家在现有的经济结构上进行改革和完善，进一步适应生产力发展，产品、工艺、功能等转型升级，以高质量发展实现造船强国目标。2013年，国务院印发了《船舶工业加快结构调整促进转型升级实施方案（2013—2015年）》，提出"调整产品结构、实施创新驱动、控制新增产能"等工作重点。

中国造船业步入更高层次的"精细化"管理阶段。上海外高桥造船有限公司提出"降成本、强管理、促发展，全面推进二次创业"的总体要求，洪刚所在的部门积极开展"同舟共济迎挑战，降本增效促发展"主题活动。

精细化管理涉及多个领域，重点是降本增效，即通过精细化管理，达到降低成本、增加效益的目的。提到这个话题，洪刚回忆起当初进公司做班长的时候，在班组管理方面，他设置了一个党员先锋示范岗，号召大家努力向上，争取评优评奖。在班组业务量考核方面，他率先试行"物量考核"及"员工记分卡"管理制度，建立了日评估、日反馈、日改进机制。冲在前面的，给予奖励；落在后面的，给予鼓励。

现在公司推进降本增效促发展活动，各部门也开始积极响应，以"统一管理、突出岗位、淡化身份"为理念，改革用工模式，实施精细化派工。洪刚认为，这是推进降本增效管理走向更加精细化的重要方式。"精细化"管理，人的要素是最重要的，只有充分发挥人的积极性，"精细化"管理才能达到一个全新的境界。因此，从领导层到基层，都要精细化管理。

洪刚创建的劳模工作室，会定期组织会议、学习和课题研究活动，包括集体会议、小组会议、项目会议、内部学习、外部学习、发明推广交流会，每次活动须有相关会议纪要。一般情况下，集体会议每半年召开一次，其他会议和学习活动根据需要和计划组织。集体会议由组长或副组长组织，其他会议由项目负责人组织。项目制是工作室开展课题研究的主要方式，每个项目由一名工作室成员独立负责，担任项目经理。项目经理可以通过工作室落实项目所需的资源（包括但不限于人员、设备、材料、场地、技术等）。由技师和工匠独立负责选题、策划、组织推动、总结；工作室负责提供项目所需的各类资源、信息数据以及进行推广宣传。

精细化管理要具体到班组。根据公司"实行考核到班组、结算到班组，封闭成本上限"的要求，为了保证班组员工的利益，洪刚的部门实行班务公开、民主管理与民主监督的制度。洪刚每天都会在班组园地内将与组员收入息息相关的"考勤、物量、计分卡"信息进行公开，他建立了一个上下贯通的渠道，让有问题的员工第一时间进行反馈，营造班组内民主考评的氛围。他还定时开展"物量之星""质量之星""安全之星""设备之星"的评比，并将各岗位之星的闪光点以文字形式记录下来张贴于班组园地里。通过先进典型的言传身教，整个部门内掀起比、学、赶、帮、超的热潮，员工鼓干劲、找差距、提技能。这一系列举措，既促进了班组内民主考评的氛围，又让落后的员工看到差距。同时，洪刚在上级部门的支持下，推行"师徒带教"制度。这样的班组精细化管理行不行？用数据说话！数据是走向成功的

"身份证"，也是证明成绩的"出生证"。加工部班组最初的人均焊接生产效率是8米/小时，经过不断提升，达到14米/小时；班组焊接产量也从每月33 248米，提升到现在的每月53 446米，在行业中保持领先水平。精细化管理不仅激发了员工的生产积极性，还提高了效率，增加了作业量。

实践证明，这种创新型的精细化管理，既节约了成本，又提高了产品质量。公司当时在推进"限额领料"的活动，首先，优化详细设计，改善船舶性能，以降低材料消耗；其次，优化生产设计，提高材料利用率，压缩各船型的材料定额，以减少设计修改及废返。洪刚和焊工兄弟们也积极响应这个活动。有一次，他下工区巡检时，焊工兄弟告诉他，以前焊接使用的导电嘴可以使用较长距离，现在这批导电嘴性能较差，感觉很浪费。说者无心，听者有意。洪刚立即组织部门成本管控小组现场认证核实。在焊接材料中，导电嘴属于易耗损件，位于焊枪的最尾端，是用来导送焊丝的。导电嘴的制造材料一般是黄铜、紫铜等。导电嘴损坏的原因有很多，如操作不当、电流过高导致导电嘴和焊丝熔接在一起，又如导电嘴的规格、做工、孔径大小等不合格。他们请来了导电嘴生产厂家，一起探讨，共同攻关。经过检测，他们找到了问题所在。后来，由每焊接40米就损耗一只导电嘴，延长到每60米损耗一只，并且质量也提高了。班组焊件拍片检验一次合格率提升到98%以上，洪刚所在班组也因此被授予全国"质量信得过班组"称号。

洪刚说："在电焊的整个成本中，导电嘴只占很小一块。但是，如果我们把每一件小事都做好，就能积攒成大的能量。尤其重要的是，'精细化'管理就像走路，一个人走十步，不如百人走一步，只有人人都把企业当成'家'，降本增效才能真正落到实处。"

这样的精细化管理，连"洋"船东也竖起大拇指。有一家外国公司因"外高桥"的知名度，下了建造一艘海上浮式生产储油轮的大订单。那时，全厂一片欢腾，大家既为企业能够在国际市场取得佳绩而高兴，也为企业的知名度而自豪。但是，高兴之余，大家又隐隐担心，因为这家外国公司的船东对质量的要求出了名的严苛，曾经因工序等原因，让一家造船厂停工半年进行整改，大家都替洪刚和他的焊工兄弟们捏了一把汗。虽然企业承建的中外船舶、平台等已达400多艘（架），但这家外国船东对质量的要求如此苛刻，大家还是不敢掉以轻心。

焊接多点系泊分段时，按传统工艺流程，应采取平面焊。因为平面焊是一种最有利于焊接的空间位置。熔滴容易过渡，熔渣与铁水不易流失，也利于控制焊缝形状，焊工俯视操作，不易疲劳。但是，工人需蹲着，单膝下跪作业，清除焊缝"碳刨"时，火星极易朝作业人员身上飞溅，既不安全，又拖慢工作效率。这时，洪刚提出，使用他发明的60度斜坡放置台架，改平面焊为爬坡焊。这样，焊工不仅视线开阔，且从下至上电焊，可以保证质量，也可以加快进度。外国船东没见过这样的焊接方式，担心产品质量，不同意洪刚的建议，提出必须按原来的工艺流程操作。但洪刚与外国船东杠上了，说："只是改一下操作规程，这样可以加快进度、提高生产效率，产品质量也会提高。"在洪刚的反复说明下，外国船东点头了，让洪刚与工友试一试。洪刚和他的焊工兄弟们不但提前完成了任务，还保证了产品质量。在效率和质量面前，外国船东朝他竖起了大拇指。从此，只要洪刚对焊接操作规程提出建议，外国船东都乐意听取他的意见，给他机会尝试。

2016年，上海外高桥造船有限公司为中远海运集装箱运输有限公司建造的首艘20000 TEU集装箱船H1413船开工了。建造过程中要选用船用高强度止裂钢板。船用高强度止裂钢板的尺寸、外形、重量、焊接技术要求等，都有严格规定。因此，船用高强度止裂钢板的焊接任务尤其考验技术。

洪刚作为部门质量负责人，严把质量关，对止裂钢板的焊接过程进行全面监控。这是他全面接手的第一个项目，从检查材料到分配任务，从管理到技术，从基层焊工兄弟到高层领导，从公司内部到客户，无论是哪一个方面的事务，他都要做到精益求精，一丝不苟。

他从人员管理上做到精细化。第一，他对人员进行筛选，查验参与焊接的人员是否都有证件，如焊工资格证和焊工等级证。没有资格证的人员，不可参与焊接工作。第二，他牵头联合品质保证部对加工部焊接人员焊接类型进行了梳理，筛选出有止裂钢板焊接资格的人员，对此类焊工进行考试和培训。第三，对合格的焊工进行帽贴发放。第四，确定止裂钢板的焊接人员，并安排焊接人员参观学习对组立部曲面作业区的止裂钢板焊接流程，为止裂钢板的焊接做好充分准备。同时，为确保所有止裂钢板的焊接都在控制范围内，洪刚在部件A跨①成立了专门的箱船厚板、止裂钢板制作区域。

开始正式投入工作了。在焊接过程中，洪刚要求施工人员和质量管理人员时刻对焊接参数、坡口清洁、定位焊规范、焊前的预热、焊中层间温度、焊后保温进行全面的管控，并根据公司《船体焊接原则工艺规范》以及现场实际情况，对止裂钢板的焊接提出了具体要求：（1）装配尺寸精确，坡口内垃圾要清除干净。（2）定位焊焊接必须由电焊工完成，定位焊前要预热，定位焊长度大于100毫米。（3）焊前预热温度在100℃～210℃。

---

① 部件A跨：是一个工作区域，主要是制订计划、分配任务。

⊙ 2016年,洪刚（后排左三）在现场指导

（4）焊接参数设定规范，焊接速度不要过快。（5）层间温度保证在100℃～210℃，温度过高时停止焊接。（6）焊后保温200℃一小时以上。焊接时，他在现场派专员对焊接层间温度进行准确控制和记录，确保止裂钢板焊接的一次合格率在98%以上。

洪刚对以上安排，全程跟踪对接。在各方面的支持下，洪刚和焊工兄弟们终于把焊接任务完成了。止裂钢板的所有焊缝经公司品质保证部检查均合格，合格率100%。

2017年6月16日上午，首艘20000 TEU集装箱船H1413船顺利出坞。洪刚和焊工兄弟们一同欢呼！这是上海外高桥造船有限公司的又一项新纪录，也意味着国内最大集装箱船建造纪录再一次被刷新，上海外高桥造船有限公司从此进入了两万箱级集装箱船建造的先进行列。

精细化管理之安全生产

精细化管理的另一个重点就是安全生产。安全生产是一个企业的生命线，也是一条不可触碰的红线。上海外高桥造船有限公司每年都会开展一系列安全管理提升工作，以避免重大安全生产责任事故发生，确保安全生产目标的基本可控。在船舶工业的船舶建造方面，焊接作业与安全息息相关。谈起安全生产，洪刚并不陌生。他说："焊接切割工作是高温明火作业。操作过程中会产生大量火花和灼热金属熔滴。如果不严格遵守安全操作规程，就会发生触电、火灾、爆炸、灼伤等事故。所以我们三令五申，每个人必须注意细节，牢固树立安全第一的信念。尤其是新员工，首先要进行严格的安全培训。通过各种安全培训，员工可以增强安全生产意识，规范作业行为，减少事故发生。另外，班组长、车间大组长等，更应该主动承担责任，时刻做好安全监督工作，自觉遵守经上级批准的安全技术、考核管理规则等。"

关于安全培训，洪刚想起1997年他进入外资企业的情形。那天是在车间进行第一次正式操作，他的师傅带着他们一行人进入车间。师傅再三强调要规范操作："焊接电弧会产生强烈的光和高热，对我们的眼睛和皮肤具有较大的刺激，容易引起电光性眼炎和皮肤灼伤。为了预防弧光的伤害和触电，我给大家分发了劳动防护用品，请大家立刻戴上防护玻璃面罩。"

但那焊花四溅的工作场景，让洪刚很兴奋，忘记了之前的安全培训，忘记了师傅的嘱咐，他像一个调皮的小孩，对新鲜事物感到好奇。他拿着面罩不好好佩戴，眼睛东看看西望望，电弧光形成的辐射伤到了他的眼睛。当天夜里，他的眼睛犹如被千万只蚂蚁在啃咬，难受极了。辗转一夜，终于挨到了天亮，他起床后发现自己的眼睛猩红，肿如核桃，吓了一跳。那时，他才明白，一定要在思想上重视安全生产，这是保护自己的前提，一定要牢固树立"安全第一"的信念，防止事故的发生。

后来在给新员工进行岗前培训时，他反复强调弧光辐射对眼睛的伤害："刚进车间先收起自己的好奇心，一定要听老师傅的讲解。进行焊接作业之前，必须佩戴有电焊护目玻璃面罩，面罩不能漏光，要穿好工作服，戴好皮手套，大家一定要保护好自己的眼睛和皮肤。"这时的洪刚，是一个苦口婆心的师傅，生怕小徒弟们不听话，像自己一样受到弧光伤害。

还有一次，也是在外企工作期间，一个同伴在电焊时，不小心烧穿钢板，铁水流下来烫伤了脚面，同伴顿时惨叫一声，脚背上黑红一片，那惊心的场景，洪刚至今不敢忘记。

从那以后，在精细化管理方面，安全生产就成为洪刚心里第一条信仰。除了上岗前的安全培训之外，洪刚在工作中时刻提醒焊工兄弟们注意安全操作。记得多年前，洪刚和伙伴们接到制作舱口围壁的任务。起因是船舶在甲板上开了装卸货物用的舱口，甲板强度受到削弱，为了防止恶劣的天气导致船体结构性损伤，要增加甲板开口处的强度，加强甲板舱口的结构。这个结构就包括舱口围壁和肘板。一般甲板舱口是一个长方形开口，四角为圆弧形，而舱口围壁要先将钢板预制成4块平面部分和4块圆弧部分，然后再装配合拢成一个整体。厘清原理之后，洪刚和焊工兄弟们就开始工作了。

制作舱口围壁的焊接工艺不难，但精度要求高，操作空间狭小逼仄，容易被烫伤。洪刚新带的徒弟在焊接时被焊花溅在后背，烫出了一大块伤痕。洪刚既心疼又着急，想尽办法让徒弟们尽快熟悉工艺流程并反复练习。洪刚先给徒弟们讲操作过程：首先定位，把之前准备好的4块平面舱口围壁和4块圆弧形舱口围壁放到指定位置固定住，再把肘板固定住。接着按照顺序焊接每一块钢板。最后焊接角焊缝及其他焊缝。

洪刚讲完后，就开始带着徒弟们练习。但徒弟们实在太生疏了，一不小心就烫伤了自己。洪刚看在眼里，急在心里。于是，每天下班后，他都事先向培训基地的老师借来钥匙，把徒弟们一个一个拉进基地，手把手地培训。有一次，一个徒弟说："当焊工的，哪个没有被烫过，哪个身上没有伤痕斑块，再怎么学也没有用的。"洪刚二话不说就脱下自己的衣服，在他结实敦厚的身板上，也有细碎的被焊花烫出的小斑块，却没有大的伤痕。洪刚说："首先要有勇气，勇气是焊工的基本要素，但绝不是全部。重要的是拥有熟练的技术，不仅要学习理论知识，还要动手实践，只有反复练习，才能熟能生巧。同时，不可或缺的是强烈的安全意识。我们采用新技术、新工艺，必须考虑安全因素和必不可少的劳动保护措施。你们要穿戴好劳动防护服，佩戴好防护用品，完成任务的前提是保护好自己的生命和健康。"

　　洪刚讲完后，徒弟们才明白这么多天以来，洪师傅逼他们进培训基地练习的良苦用心。洪刚又接着说："我虽然是你们的师傅，但也是焊工兄弟的一分子，我在手把手教你们的同时，也在反复回忆操作工艺流程，对我自己也有很大帮助，所以你们千万不要怕麻烦我，有问题直接来找我，我们一起解决。"说完，大家纷纷鼓掌，觉得洪刚师傅不仅严谨，还有一副热心肠，有责任心，值得相处。

　　另外，在进行特殊的焊接任务时，焊工兄弟的身体必须扛住工作环境的考验。对于无法避开的危险，洪刚也会积极准备好应急措施，以防万一。记得在2008年，由中船集团公司所属七〇八研究所设计、上海外高桥造船有限公司承接建造的第六代深水半潜式海洋钻井平台开工。这是为中国海洋石油集团有限公司建造的产品，由水上平台和水下部分组成，水下部分的密封舱需要承受极大的压力，并且有极高的水密性要求。洪刚和焊工兄弟们接到密封舱的焊接任务时也没预估到后面的困难，只是照常分配任务。在焊接下沉箱内的密封舱时，焊工兄弟们埋怨，里面密不透风，实在是太热了。洪刚听后，立刻拎着电焊枪，拿着温度计进去。一个下午过后，洪刚满脸通红地爬出密封舱，温度计已经爆表了。"至少五六十摄氏度。"洪刚马上向领导汇报。同时，他担心焊工兄弟们的安危，多次强调："兄弟们下舱时，必须带好冷饮。采取换班的方式，感到气闷就要出舱。舱口必须有人值守，随时观察舱内的情况。"他还建议，夏季温度高，工人可以早上班，中午休息，傍晚再干，以减轻高温对人体的伤害。

由于抗高温应急措施完善，加快了生产进度，洪刚和伙伴们按时完成了密封舱的焊接任务。2011年5月23日，建造第六代深水半潜式海洋钻井平台任务按时完工，被命名为"海洋石油981"。这是我国自主设计建造的首座具有世界先进水平的第六代深水半潜式钻井平台。该平台总长114.07米，型宽78.68米，总高112.30米，最大作业水深3 000米，最大钻井深度可达10000米，能够满足南海恶劣海况及国际主流海域作业需求。该钻井平台，集钻井、修井、生产等多种功能为一体，是我国首次建造的深水钻井特大型装备，填补了我国在大型深水钻井平台项目上的空白。它不仅意味着中国建造能力从"浅海"挺进"深蓝"，也意味着中国船舶工业正从"中国制造"步入"中国创造"。它凝聚着中国人对海洋的梦想，提升了中国在海洋开发中的话语权，提升了我国船舶产业在国际海洋工程领域的竞争力，对我国深海海洋资源开发和国民经济可持续发展具有重大意义。

此外，洪刚在安全生产管理方面，也有许多创新的方法。

有一次，焊工兄弟们提出了车间粉尘的污染问题。洪刚仔细分析了车间里粉尘的危害。首先，空气中的大量粉尘会被吸进肺部，当达到一定数量时，就能引起肺部组织纤维化病变，引发尘肺病，这是严重的职业健康危害因素。其次，空气中的粉尘落到机器上，会加速损耗机器的精度和寿命，而且粉尘容易引起爆炸。粉尘弥漫在车间，也会降低可见度，妨碍焊工操作，容易引发事故。因此，粉尘问题，事关安全，必须解决。

洪刚思索良久，根据工区现状和设备特点，通过改进焊接除烟设备，有效减少了粉尘，改善了生产环境，保证了生产安全。

现在洪刚只要一踏入上海外高桥造船有限公司的厂区，他的眼睛就像探测仪一样，一刻不停地搜索。他积极对各类隐患整改措施的落实情况进行跟踪，保证安全生产措施的有效落实。当他看到焊工兄弟们没系紧的安全帽，就会伸手给拉紧帽带；看到钢板上未打磨干净的毛刺，他会立马指出来，要求立刻处理；即便是路边的一根铁丝，他也会顺手拾起，扔进垃圾箱；知道有徒弟因为熬夜打游戏导致白天工作出安全事故，更是会严肃地批评；看到焊工兄弟在使用砂轮打磨工件毛刺时，火星四溅，容易被烫伤，他多方打听，提出使用市场上刚出品的合金打磨倒角机，消除了电焊行业长期以来一直存在的安全隐患。

　　就这样，安全生产的信仰在洪刚心里扎了根。他每一次进行安全生产检查，都会在心里数着安全生产的事项：进车间时，携带良好的劳动防护用品并且正确使用了吗？焊接前，有漏电保护措施吗？进行焊接时，存在火灾和爆炸的危险因素吗？在狭小的工作场所有通风系统吗？在场的焊工兄弟工作时的精神状态怎么样……

　　这种对安全生产的严谨态度体现了洪刚对工作安全的极高重视。洪刚深知任何疏忽都可能带来不可预知的后果，因此他尽全力确保每个环节的安全。这种精细化管理，不仅在降本增效上被需要，更应该在安全工作中得到体现，因为只有这样才能在最大程度上保障焊工兄弟的生命财产安全。

扫码解锁
◎群英颂歌 ◎成才之路
◎工匠技艺 ◎奋斗底色

第三章　乘风破浪，铁骨柔情

扫码解锁

◎群英颂歌 ◎成才之路
◎工匠技艺 ◎奋斗底色

打不倒的硬汉

　　上海外高桥造船有限公司的焊工们个个长得健硕壮实。有的看上去孔武有力，有的看上去高大威猛，洪刚的个子与他们相比，显得矮了一头，但在焊工兄弟们的眼里，"矮一头"的洪刚绝对是他们心中的NO.1。不仅仅是因为他技术扎实，创新发明多，工作能力强，还因为他是一个铁骨铮铮的硬汉，值得所有焊工兄弟们尊敬！

　　班组只要接到任务，最重、最苦、最累的活，洪刚总是冲在前面。再难、再险、再艰巨的工作，洪刚也总是说："兄弟们，让我先上。"焊工兄弟们敬重他，佩服他，并不是因为他能说会道，而是因为他一直用行动兑现自己当初竞选班长时给出的三条理由：技术硬、重感情、有责任心。焊工兄弟们天天与钢铁打交道，在火星与焊雾中工作，个个都是直肠子，洪刚也是这样的性格。如果焊工兄弟们在工作中有了闪失、出了差错，洪刚都是当面直接说出来，顺便拿起粉笔在工件上标注，要求立马改进。如果有人不服，洪刚当场就拿起焊枪比试。这种直来直去的方式，深受焊工兄弟们的喜爱，因此，洪刚人缘也特别好。

虽然他在焊工兄弟们心中有很高的地位，但也遭受过莫大的委屈。

有一次，他所在的班组工具箱里的劳动防护用品被窃，作为班长，他首先要查清楚情况。

"是谁拿了劳动防护用品？自己还回来。"洪刚看着大家说。

但是预定的时间过了，还是没有人还回来，洪刚只能向领导汇报。经过调查，偷窃者被企业辞退。

本来，偷盗行为是公司严厉禁止的，小偷咎由自取，被开除也是理所当然的。但这位外来务工者失去了工作，就失去了生活来源，因此迁怒于洪刚。有一天，洪刚正在专心工作，这位外来务工者撺掇两名老乡，潜入厂区，从身后偷袭洪刚。洪刚被打后，嘴里涌出鲜血，班组里的其他焊工兄弟们红着眼冲了上来，想替洪刚教训打人者。此时，洪刚忍着剧痛，拦住焊工兄弟们，硬是不让他们上前半步。

后来，事情平息了，打人者受到惩罚，洪刚被送进医院。医生仔细查看他的伤口，告诉他需要缝针。他轻描淡写地说："没事，缝吧。"

只见他淡定地坐下，焊工兄弟们就在旁边，亲眼看见针从他的牙龈底部穿过，一针又一针，洪刚连眼皮都没有眨一下。他的嘴里，一共缝了十多针。焊工兄弟们都震惊了，觉得洪刚非常坚强。这时他们才发现，洪刚不仅技术过硬，心理素质和忍耐力都非常强，是一位十足的硬汉！

焊工兄弟们为洪刚抱不平，觉得他十分冤枉，应该继续追责。但洪刚说："他们已经受到惩罚了，况且，我也没有什么大碍，不用再追究了。"说着，洪刚忍着剧痛笑了。从此，焊工兄弟们更加尊重洪刚了。

兄弟，把汤喝了！

洪刚的父母和奶奶给予了他无尽的爱，这份爱，化为了他的力量源泉。他以无私的奉献精神，关爱着身边的亲人和同事，将这份深情传递给每一个人。他就像冬日里的阳光，带来温暖和希望。他真诚地关心爱护大家，让他们感受到了家的温暖和集体的力量。

每当新员工加入焊工兄弟的队伍时，洪刚总是第一个站出来给予他们最热情的帮助。他会毫无保留地分享自己的经验，手把手地教授他们如何掌握焊接技巧，如何确保安全操作。洪刚不仅会在工作上帮助他们，也会在私下关心他们的生活，让他们尽快融入这个大家庭，感受到家的温暖。

2004年的一天，洪刚班组中的一位小兄弟弄伤了手指，无法干活，一个人躺在宿舍里休息，但他身边没人照顾。洪刚得知此情况，一下班就匆匆忙忙地赶往菜市场，买了一只老母鸡，又急匆匆地跑回家。鸡汤炖好后，已是晚上8点，他连忙赶往小兄弟的宿舍。

他端着鸡汤，送到小兄弟面前，说："来，兄弟，把汤喝了，身体最重要！"

小兄弟开始时拒绝，但洪刚此刻像一个严肃的大哥，非要小兄弟喝汤补身体，小兄弟才捧着鸡汤大口喝起来。

只见他眼泪大颗大颗地落下来，哽咽着说："大哥，你对我太好了。"

洪刚瞧着小兄弟的泪眼，转过身，自己也忍不住抹了把眼泪。如今，洪刚回忆起这件事，深有感触地说："这位小兄弟刚上岗就出了事，虽然他的后续治疗，企业都会负责，但他毕竟一个人孤零零地远离家乡打工，真的不容易啊。他需要关心，需要亲情，他会想念爸妈。在这里，我比他年长一些，作为大哥，理应多照顾他，要让他感受到家的温暖。"

捐出救命款

洪刚在帮助别人时，也会面临抉择。当自己的孩子和同事的孩子同时需要救命款时，洪刚怀着无比沉痛的心情，做了一次艰难的选择。那时，他流泪了。

2004年，洪刚结婚刚满一年，妻子生了一个可爱的女儿。原本，一家人的小日子过得挺滋润的。哪知，天有不测风云，孩子患上肺炎，在医院检查时，竟然查出先天性心脏病，需要开刀做手术！

当时，洪刚的月收入才3 000多元，女儿的手术费却要十多万。十万火急之间，如何筹到这笔巨款？此时，作业区的领导知道后，马上向上级汇报，组织上立刻动员全厂捐赠。涓涓细流汇成大海，最终一共筹集到95 000元。女儿有救了，洪刚紧锁的眉头展开了！

但是，转折来了！

此时，洪刚偶然间听到一位焊工兄弟说起一件事。原来厂里有一个职工，孩子患上了白血病，也急需钱款治病。闻言，洪刚的心猛地一颤，他的善良不允许自己忽视这件事，他想帮助这个患白血病的孩子。但是，面对躺在病床上的女儿，面对日夜操劳的妻子，他犹豫多时，不知该如何开口。这时，妻子看出了洪刚有心事，主动询问，他说出了那个职工的情况和自己的想法。妻子先是一惊，然后也同意了。当夜，他抽了一支又一支烟，他失眠了。

翌日，当部门领导将筹集到的95 000元交到他手上时，洪刚说："听说厂里有一位职工的孩子患上了白血病，急需救治，这笔钱款请领导转给他吧。"

部门领导傻眼了。半晌，领导醒过神来，拿出筹集款里面的一部分钱，说："洪刚，这里面的15 000元，是部门兄弟们的心意，你必须收下。"

洪刚眼里噙着泪，收下了这笔饱含兄弟情的钱款，而另外80 000元，由组织转捐给厂里的那位职工。至今，洪刚都不知道这位职工姓甚名谁。幸运的是，洪刚的女儿经过积极治疗，康复了！

母亲的叮嘱

　　2010年，洪刚被评为全国劳动模范。那时，他的母亲已经去世了。他回到老家，捧着鲜红的荣誉证书，踉踉跄跄地来到母亲的坟前，跪倒在地上。他流着热泪，用粗糙的手抚摸着冰冷的石碑，号啕大哭，他多么希望母亲能看看自己今日的成就，看看这张光荣的证书。那年，他接到父亲的电话。父亲在那一头嗫嚅着说："你妈病重了，你能不能快点回来？"他心中立刻涌现出不好的预感，因为平时父母考虑他工作忙，不会经常给他打电话，有些小病小灾也不跟他说，等他知道时，父母已经康复了。但这次不一样，从父亲颤抖的声音里，他已经想到了最坏的结果。他日夜兼程赶回去，奔向医院，但还是没有见上母亲最后一面。

　　"慈母手中线，游子身上衣……"儿时吟唱的唐诗，仿佛又在耳边响起，他泪眼模糊……他记得幼年的自己跌入家门口的溪流中，瘦弱的母亲舍命跳入水中，抓住他的手，把他拖上了岸。他也记得，自己第一次离开家乡外出打工时，母亲在灯下支撑着羸弱的身躯穿针引线，将100元钱缝入他的内衣口袋。到现在，母亲的嘱托依旧回响在他耳边："儿啊，如果在外面待不下去，记得拆开这个口袋，用这钱买车票回来。"

他曾经责问父亲："母亲生病又不是一天两天的事，为什么不早点通知我？"

父亲依然嗫嚅着说："你妈怕影响你的工作，怕你分心出安全事故，一直要求家人瞒着你，一个字都不许透露。"

他又问父亲："母亲临终时，留下了什么话？"

父亲流着泪说："只有一个心愿，就是希望你好好工作，干出成绩，做一个顶天立地的男子汉。"

此刻，他突然明白"忠孝不能两全"的含义，明白了母亲和家人的一片苦心，他体谅了父亲的守口如瓶。

洪刚跪在母亲墓碑前："妈，我回来了，我没有辜负你的期望。"洪刚将劳模证书高举过头顶，端端正正地给母亲叩了三个响头。

翌日，洪刚就像往常一样，出现在岗位上。他高举焊枪，像一个冲锋陷阵的战士，把悲伤埋在心底，将全部的情感倾泻在工件上，倾泻在烙下他印痕的巨轮上。

母亲离开多年了，现在回想起来，洪刚依旧潸然泪下。

但他一直牢记母亲的教诲，"干出一番大事业"。他认为：

一个人最大的成就，就是在集体中奉献自己，用自己的力量为社会做贡献，关心帮助别人。洪刚对他人的关爱，像一盏灯，照亮了身边的每一个角落。后来，这盏灯越举越高，照亮了许多人前进的道路。

洪大炮

2008年，洪刚当选为上海市人大代表。2012年，洪刚又当选为党的十八大代表。在此期间，洪刚带头依法办事，认真出席人大会议，履职尽责，自觉接受群众监督。更重要的是，洪刚一直密切联系群众，把精力放在为农民工解忧的事情上，想得更多的是如何建言献策。

每一次代表会上，洪刚都为了农民工的大小事情积极发言，久而久之，他获得了一个"洪大炮"的外号。他摸着脑袋，憨憨地说："我心肠直，藏不住事情，就想说出来！"

随着上海这座繁华都市的持续发展，大量的农民工涌入城市，投身于各行各业的工作中，成为城市建设和经济发展中不可或缺的力量，他们默默地为城市的建设和运营付出努力，为促进

⊙ 2008年，洪刚参加上海市第十三届人民代表大会第一次会议

⊙ 2012年，洪刚当选为党的十八大代表

城乡融合发展、推动社会稳定做出巨大贡献。这些数量巨大的农民工群体，工作时间长，劳动强度大，承受着生活的种种压力，需要大家的支持和理解，更需要组织上的关心和帮助。

农民工的用工制度、福利待遇、社会保险等始终是洪刚牵肠挂肚的事。他一直关注着农民工这个群体的生存状态。他希望上海这座城市能为农民工提供更好的工作环境和生活条件，让农民工的付出得到应有的回报，让他们感受到城市的温暖和关怀，从而帮助他们更好地融入城市生活，活得更加充实、美好、有尊严。为此，洪刚把关注的重心放在农民工的诉求方面。

为了快速了解农民工合法合理的诉求，洪刚利用双休日和业余时间，走基层、下车间、到班组，哪里的农民工多，他就出现在哪里。每次与农民工攀谈，他都认真倾听，详细询问，用心记录。

"我也是一个农民工，我要为农民工的权益呼吁。"洪刚恳切地说。他也用实际行动践行着自己的诺言。

时光匆匆流逝，洪刚却还清晰地记得，他撰写《关于完善〈上海市外来从业人员综合保险暂行办法〉的建议》时的情形。

那天，他偶然路过一家药房，发现几个农民工在使用综合保险卡购买日常生活用品。他感到奇怪：综合保险卡主要用于农民工工伤保险、住院医疗和老年补助，怎么改变用途了呢？他带着疑惑仔细地查看药房里的物品和价格，并认真询问导购和医师。当他看到柜台里洗头膏的价格时，这个耿直、厚道的汉子愤怒了："大超市里，一瓶只要16元的洗头膏，在这里用综合保险卡购买，就要60元，这不是'坑害'农民工吗？"

他拉住一位上了年纪的农民工询问："那么贵的东西为什么还要购买？"

这位头发花白的农民工茫然地反问："我年纪大了，干不动了，准备返乡养老了，拿着综合保险卡不买这些生活用品又有什么用？"

洪刚坐在街边的缘石上，掏出烟，使劲地吸着，似乎要将内心的焦虑与愤怒全都随着烟雾吐出。他额头上的青筋直蹦，如同被困住的怒火，急于寻找宣泄的出口。他想：我是一名市人大代表，如果不能为农民工兄弟姐妹说话办事，那我这个人大代表的意义何在？价值何在？我既然接受了群众的信任，做了人大代表，就不能白当了！

他凝视着前方，目光深邃。他的内心充满了对农民工兄弟姐妹的关爱和对社会公正的执着追求。他清楚自己的职责，也明白自己的使命。他要用自己的力量，为那些需要帮助的人打开一扇门，照亮一条出路。他坚定地认为，他的存在，就是为了让更多的人能够感受到公平与正义的力量，感受到人大代表的温度和力量。

"我要找到解决问题的方法，要为农民工兄弟姐妹争取到应有的权益！"他心里想着。

他骑着自行车，穿梭在城市的各个角落。在落日的余晖中，他的身影更加坚定且充满力量！

数天来，他深入走访了许多农民工，并虚心向法律专家请教。经过一段时间的深入调查，他奋笔疾书，完成了建议的初稿。为了确保建议的可行性和专业性，他请法律专家审阅，认真听取并吸纳了他们的宝贵意见。经过反复修改和调整，他最终郑重地向市人大提交了这份凝聚着众人智慧与心血的建议。

在这份建议中，他没有更多地纠缠"药店事件"，而是通过上海市城镇社会保险（以下简称城保）与外来务工者综合保险（以下简称综保）的比较，从"老有所养""工伤赔付""医疗待遇"等三个维度展开论述，既实事求是地肯定综保，使上海庞大的农民工群体拥有了"社保"待遇，又阐述了综合保险政策的种种弊端、对农民工的不公，进而呼吁"同工同酬同待遇，同城同命同对待"。

在提交建议之后，他的心情既激动又紧张。在等待反馈的日子里，他心中充满了期待和焦虑。但他知道，无论前方的路有多么艰难，他必须坚持下去，为了那些需要帮助的农民工兄弟姐妹，为了身为人大代表的信念和责任。

一石激起千层浪，洪刚的这份建议，引起了有关方面的高度重视。在社会各界人士的共同推动下，尤其是《中华人民共和国社会保险法》（以下简称《社会保险法》）的出台，上海市推出综保向城保五年过渡政策，进而实现全面接轨。

不少认识洪刚的农民工对他说："洪代表，你这份建议写得好，写出了我们农民工的心声。"

洪刚笑笑说："我也是从农村走出来的，我只是做了我应该做的事。而且，国家也看到了问题所在，出台了《社会保险法》，是法律保障了大家的合法权益。"

还有一次，一位同在上海工作的老乡来看他。闲聊时，老乡苦恼地说："我是技术工，收入尚不错，妻子在上海做些小买卖，一家三口总算在大都市落了脚。接下来，我们准备筹钱买房，打算在上海定居。但是，由于户籍政策，我们的孩子进不了公办学校，费用极高的私立学校既读不起，也考不进，无奈只能让孩子在民办学校读书。但民办学校的师资队伍和教学质量实在太差。"

老乡说："我们吃些苦受些累没有什么，但孩子教育质量跟不上，以后还要吃苦受累，我们真是于心不忍。"

老乡的一番话，又使洪刚彻夜难眠。之后几天，他利用业余时间，一次次前往外来务工子女就读的民办学校摸底调查。他发现，上海市政府在外来务工者子女教育方面投入了相当大的精力和财力，仅2009年，市政府在外来务工者子女教育方面就投入了36.9亿元，这些钱用于免除外来务工者子女的学杂费。根据中央对农民工子女上学"两为主"的要求，即以流入地政府管理为主和以公办中小学为主，让他们接受同等教育。但洪刚认为，在免除学杂费方面，上海还有许多工作要做。

洪刚继续调查，收集了许多信息。浦东新区从2007年起，就把4所外来务工者子女学校转为民办学校，确实做了大量的工作。但这些民办学校与公立学校相比，差距依然存在。其一，由于民办学校教师工资太低，只有1 100元至1 500元，教师的组成都以本地退休返聘和外地师范专业毕业的年轻教师为主，导致学校教师队伍不稳定。其二，外来务工人员工作岗位不稳定，孩子跟着流动，导致民办学校的教师和学生的流动率都在50%左右，进而导致教育质量不稳定。

根据调查结果，他反复思考，写出了一份建议，强烈呼吁：第一，让外来务工人员子女与当地适龄少年儿童享受共同成长计划，挖掘公办学校资源潜力，尽最大可能由公办学校接纳外来务工人员子女入学。第二，要改善外来务工人员子女就学环境，做到与当地学生一视同仁。第三，要实施外来务工人员子女就读学

⊙ 2017年，洪刚参加中国人民政治协商会议上海市第十三届委员会第一次会议

校的教师素质提升计划。在资格认定、职称评定、评先评优等方面，民办学校教师要与公办学校教师一视同仁，以稳定教师队伍，提高教学质量。

这份《关于加强外来务工人员子女教育的建议》涉及面广，在社会上引起了巨大的反响。浦东高东镇一位领导见到洪刚时，对他说："洪代表，你的一个建议，让我们镇花了2 000万元，办了一家公办幼儿园。"洪刚马上回复道："一家公办幼儿园，可以使数百名儿童获得优质教育，镇政府做的好事，办的实事，老百姓都会记在心上的。"

随着时间的推移，洪刚建言献策的内容也越来越丰富。在一次调查中，他走访了1 000多名农民工，发现至少有960人没有进过电影院。经过闲谈，洪刚得知他们不去电影院的主要原因是票价太贵。为此，洪刚在上海市人民代表大会的小组讨论会上，激动地说："一张电影票，动辄七八十元。就算是非黄金时段的电影，也要30元一场。如果一家三口同往，花费要近百元。对月收入不高的外来务工人员来说，这样的'文化消费'实在有些奢侈。"他继续大声疾呼："外来务工人员不能成为这座城市的'文化洼地'，'文化下乡'应该更多地到农民工集中的地方！"

他的发言在现场就得到了积极的回应，当时分管教育文化的副市长表示，回去以后马上调研。接下来，上海工会组织率先行

⊙ 2019年，洪刚参加上海市政协会议并发言

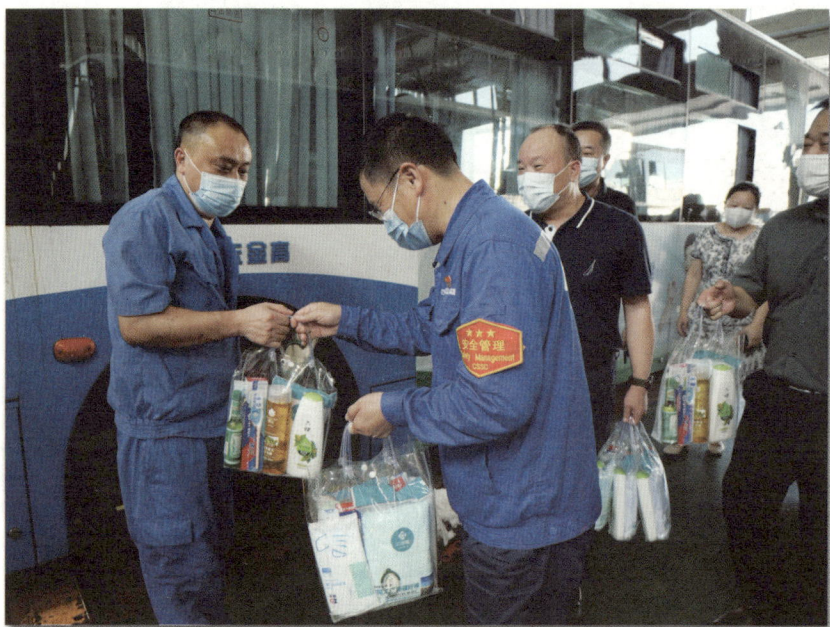

⊙ 2022年，洪刚（左二）代表浦东新区总工会到浦东公交公司送清凉

动，推出了农民工免费专场电影，文艺演出进企业、到工地、入楼宇等慰问活动。

现在回想那些年，洪刚感到最光荣的事情，莫过于在十八大期间，在人民大会堂上海厅向习近平总书记做关于"上海产业工人队伍建设"的情况报告。洪刚作为基层一线的26位农民工代表之一，肩负着群众的期待和信任。他站在党和国家领导人面前，身上的责任让他感受到了无形的压力，他当时的心情既紧张又激动。然而，想到自己能够借此机会为基层的农民工发声，向领导人反映实情，他的心情又逐渐平静下来。他以平实的语言、真挚的情感，将一线工人的心声和实际情况如实地传达出来。在发言结束之后，他摸摸后背，发现衬衫都已经湿透了。

洪刚为奋斗在一线的基层农民工做了许多好事。在当选市人大代表的5年时间里，他总计参与培训、视察、调研220次，先后撰写了15份书面建议，其中11份建议被上海市政府有关部门采纳。近年来，国家先后出台了《新时期产业工人队伍建设改革方案》《关于加强新时代高技能人才队伍建设的意见》。这些方案和意见的出台，表明了党中央和国务院以及地方各级政府和工会对产业工人队伍建设的高度重视。

对于职工利益的代表方——工会组织，存在"不敢谈""不擅谈"的问题，洪刚积极出谋划策。这时候，洪刚已经大专毕业，为了更好地服务广大职工群众，洪刚又参加了法学本科的学习，并拿到了文凭。洪刚经常遇到职工询问劳动法律法规方面的问题，他都一一耐心解答。他也时常给工会提建议："可以通过各类培训，增强职工法律意识，丰富法律知识，必要时，邀请专业法律人士组成协商'智囊团'，为协商服务。"平时，他也会代表浦东新区总工会到各个单位送福利和进行慰问。

洪刚，一个来自基层的电焊工，他不仅关心身边人，更宝贵的是，在这些年里，他对各行业职工的关爱，洒满了上海外高桥造船基地这片土地！

扫码解锁

◎群英颂歌 ◎成才之路
◎工匠技艺 ◎奋斗底色

⊙ 2022年，洪刚作为浦东新区总工会兼职副主席参加职工创新大会并发言

第四章　行稳致远，春暖花开

扫码解锁

◎群英颂歌◎成才之路
◎工匠技艺◎奋斗底色

"耗鞋王"的一天

2018年8月9日，这是盛夏高温中的一个普通得不能再普通的工作日。

早上6时45分，洪刚提着工作资料包出门。

7时，他准时来到办公室。他做的第一件事，就是打开电脑，将昨晚各协作部门发来的邮件浏览一遍，将重要会议记录在便笺纸上，回复邮件，梳理一天的工作要点。

7时30分，他准时踏入工区，参加班前会，传达部门的要求。

8时30分，他陪同船东到工作区察看生产过程、成品质量、检测结果。同时，就技术和标准的问题，与船东仔细讨论。

11时，返回现场。他针对检查结果，与焊工兄弟们交流；对于电焊中发现的问题，予以技术指导；对于与下道工序的衔接要点，主持小会，讲述具体情况。

12时，就餐。几分钟后餐毕，他又回到办公室，浏览各协作部门上午发来的邮件，并且一一回复。

13时，再去工区巡查。这天下午，他带着质监人员前往。原因是大板上的筋板有间隙，虽在规定范围内，但船东接受不了。为了达到质量要求，也为了企业的声誉，他没有拿着操作规程顶撞船东，而是自行改进。在现场，他建议用"开坡口"的方法，将筋板下移5毫米，解决间隙问题。船东在一旁心服口服，不再追究。

在焊工区，他看到一位焊工兄弟的焊缝不均匀。他没有责备，而是手把手地指导，并耐心解说："'摆弧'时，除了要控制电流外，还要以左手为支架，保持拿焊枪的右手的稳定。"

在装配现场，他用手摸着焊缝，发现一些问题。于是，他对焊接打磨工作提出整改。

17时30分，穿着工装，戴着安全帽、护目镜、过滤口罩，系着安全带的洪刚，步伐匆匆地回到办公室。他一身大汗，还没休息几分钟，又打开电脑，将当天下午发来的邮件一一回复、落实。此时，已是下班时间，同伴们都走了。洪刚通过内网，学习项目成本管理、团队管理等内容，继续"充电"。

19时30分，夜幕低垂，窗外一片寂静，他关上电脑，收拾好工作资料，离开办公室回家。

这只是洪刚担任部长助理多年以来的一个平常工作日。这样的日子，从他2014年担任部长助理开始，日复一日、年复一

⊙ 2020年，洪刚（左一）参与组织公司装配比武

年地进行着。洪刚所在的加工部有16个工区，每个工区4 000平方米，每天即便只是简单地巡检一遍，对体力和毅力也是极大的考验。洪刚简直就像一个铁人，他永远怀着对工作的热情，蕴藏着巨大的能量。他每天奔波在办公室和工作区，没人知道他要用多少步才能丈量完上海外高桥造船基地这块充满创造活力的热土。

他的焊工兄弟们说："洪刚一年里，光工作鞋，就要穿破好几双，他是典型的'耗鞋王'。并且，他的饭量也特别大，无论吃什么，他都是风卷残云，一扫而光。"可以说，洪刚担任部长助理之后，每一天都在体力和智力的竞技场上挥汗拼搏。

然而，更令人敬佩的是，他一边工作，一边参加各种技能比赛，时刻检验自己的能力。公司会定期组织装配比武。每一次，洪刚都会和大家一起参加比赛，总结经验，查缺补漏。

2020年，洪刚参加上海职工演讲比赛，言辞激情澎湃，展现了一线工人群体积极向上的精神面貌。

洪刚也与其他师傅一起参加上海市组织的各种技能比赛，并且经常取得优异的成绩。

在无数个日子里，洪刚以身作则，坚守在岗位上，他用自己的实际行动诠释了什么叫作奉献精神和责任担当。

"我不走！"

从2001年进入上海外高桥造船有限公司开始，洪刚一直爱岗敬业、艰苦奋斗、勇于创新、甘于奉献，他是一个永远冲在第一线的英勇斗士！一路走来，他收获颇多，但他依旧坚持初心，不为名利所动！

这23年里，他的工作技能一步步提高：从基本的电焊，到装配，再到拥有多项创新型发明专利。他的职位也一步步上升：从一名协力工，到电焊班组长，再到加工部大组长，2014年开始担任加工部部长助理，接着又任制造部部长助理，现在，担任工艺工法部首席技能大师，并兼任上海市浦东新区总工会副主席。另外，他的学历也在不断提升：从技校毕业后，他通过学习，拿到工商管理大专文凭，后又拿到法学专业本科文凭。同时，他获得的荣誉和承担的责任也越来越多。在单位的推荐下，洪刚先后获得浙江省衢州"十佳民工"、上海市"优秀农民"、上海市浦东新区"十大杰出青年"、全国"五一劳动奖章获得者"、"国企

⊙ 2022年，洪刚（左四）参加上海市职业技能竞赛开幕式

⊙ 2020年，洪刚参加上海职工演讲比赛

敬业好员工"等荣誉称号。2008年1月，洪刚当选上海市第十三届人大代表，2010年被评为全国劳动模范，2012年10月当选党的十八大代表，2017年参加首届央企楷模颁奖仪式，2019年参加上海市政协会议并发言，同年10月1日，庆祝中华人民共和国成立70周年大会在北京天安门广场隆重举行，洪刚赴京观礼。

他一直都是耿直厚道、谦虚谨慎、淡泊名利的人。面对种种荣誉，他泰然处之。洪刚时时刻刻严格要求自己，尤其是加入劳模队伍之后，他从老一代劳模身上学到了要谦虚谨慎，一言一行都要低调，兢兢业业、踏踏实实地工作才是正道。他常说："这23年来，如果没有公司的支持、领导的培养、兄弟们的配合，就不会有今天的洪刚。更是因为祖国繁荣昌盛，船舶行业欣欣向荣，才有更广阔的平台锻炼我们的团队。"他深知，所有的荣誉，不但是由于他工作的努力，更是由于上海外高桥造船有限公司在国内外造船业中迅速崛起，成为中国造船业一张名片所带来的社会效应。他为"中国制造"添砖加瓦，"中国制造"给他提供了前进的平台。

面对别家公司的高薪诱惑，洪刚也不为所动。21世纪初的中国正替代传统的造船大国。随着中国在国际市场上造船数量的份额的增加，国内各种所有制的造船厂对各种各样的人才求贤若渴。上海外高桥造船有限公司也经历了一场人才流失的"地

⊙ 2017年，洪刚参加首届央企楷模颁奖仪式

⊙ 2022年，中船集团领导给洪刚颁发"全国船舶行业指导委员会委员"聘书

震"。在洪刚功成名就之时，许多公司向他抛来橄榄枝，他都一一拒绝了。有不少朋友劝他："小洪啊，你也应该为自己打算了。"但他说："一座造船厂，就像一艘出海的巨轮，船上需要配备船长、大副等角色，也需要普通的水手。而我，就是站在桅杆上的信号兵，电焊工作，就是我的旗语。我怎么能离开这个心爱的岗位？我不走！"

公司要求他带领团队开拓创新，于是，他和同伴们交了一份满意的答卷：23年来，他共提出合理化建议38个，有7个合理化建议成果获得了公司级以上奖项。他带领的劳模技师工作室共获得13项专利，完成17个项目，为部门获得经济效益600万元。

他视名利如浮云，像一个坚定的战士，永远同公司一起向前走。

⊙ 2022年，洪刚参加浦东工匠故事汇

桃李满天下

洪刚不仅是一位出色的技术大师，更是一位德行兼优的好师傅。公司要求他在提升自己的同时，也要为公司带出优秀的技术人员，于是，洪刚开始落实公司的人才培养方案。多年来，通过培训，洪刚和他的团队共同为企业输送了2 000多名中级工、300多名高级工和50多名技师。洪刚工作过的电焊班组，也被中国国防邮电工会命名为"洪刚班组"。

洪刚对徒弟是非常认真负责的。无论是在工作上、学习上，还是在生活上，洪刚都处处照顾他们。

2014年，洪刚刚担任部长助理时，做的第一件事就是"军训"。他每天早上6点半起床，带着徒弟们一起跑步。开始时，徒弟们都抱怨，电焊工作又苦又累，为何还要进行"军训"，这不是折腾人吗？洪刚也不解释，接着带他们跑。

不一会儿，这些人中，有个人脸色变得苍白了，洪刚跑过去问："是不是昨晚打游戏没睡好？"

徒弟点点头。

另一个徒弟也摇摇晃晃，头晕目眩的样子，洪刚又问："是不是没吃早饭，低血糖了？"

这个徒弟也点点头。

洪刚说："我们除了要按时完成工作任务，也要重视身体健康。白天是工作时间，有一个好身体才能扛住高强度的工作，拥有清晰的思维才能避免安全事故。如果白天工作时，精神恍惚，就很容易出事故。以后必须早睡觉，不许熬夜打游戏，要保持充足的睡眠。早上一定要吃早饭，这样才能有精力来应对白天的工作。所以，大家一定要保持良好的生活习惯。"

听了洪刚的话，徒弟们羞愧得纷纷低下头，再也没有抱怨的情绪了。

洪刚看了看这些年轻的面孔，和同事感叹道："与老一代农民工相比，这些孩子聪明、有文化，容易接受新事物。但他们都是家中的独子，在家里被娇纵惯了，心理脆弱，抗压力不强。在下班之后，要么上网冲浪，要么打游戏，有时玩得兴起，忘记了时间，熬到凌晨都不睡觉。白天恍恍惚惚，学不到什么技术，混一天算一天。我不能让他们这样无所事事、得过且过、虚度年华。我们帮助这些孩子养成良好的生活习惯，这是为了他们好。"

⊙ 2007年，洪刚（左三）现场指导徒弟

洪刚的徒弟比较多，但有三个徒弟，让他印象深刻。他们是朱贺、吕小喜、宁鹏。他们三个跟着洪刚学习已有20年的时间了。一开始，朱贺、吕小喜、宁鹏都是初出校门的学生，虽然来公司的时间不一样，但在工作上都有同样的毛病，就是在工作中照搬书本上的理论，事实证明，那根本行不通。

洪刚对待每一个初学者都一样认真，先教授基础的电焊知识，并且让他们反复练习，对实操效果有严格要求。

洪刚也会因材施教。如宁鹏，他当时在学校学的是焊条焊，用的全是CO_2气体保护焊，焊接方法不一样，宁鹏完全搞不懂，于是被分配到洪刚的车间里接受培训。洪刚首先让宁鹏区分两种焊接方法的基础理论知识和工艺流程。宁鹏在学校学的知识，洪刚不会再讲解，而是要求他尽快掌握目前急用的CO_2气体保护焊。洪刚先是仔细地讲解CO_2气体保护焊的历史现状："CO_2气体保护焊大概在20世纪50年代发展起来，如今已经运用了几十年，它在船舶工业焊接领域是一种重要的焊接方法，有时候甚至比手工电弧焊的应用更广泛。它具有生产效率高、成本低、焊接应力和变形小的优点，现在我国已经将CO_2气体保护焊作为一种重要方法广泛推广。"接着，洪刚讲注意事项："我们要非常注意安全，因为它操作起来飞溅较大，焊工容易被烫伤，因此，必须穿戴好防护用具。"在讲烧焊的安全知识时，洪刚特意叮嘱了好几遍，他知道刚出校门的毛头小子年轻气盛不听劝，所以他要时刻提醒徒弟注意安全。最后，洪刚一边讲工艺流程，一边操作给徒弟看，并且要宁鹏亲手操作，直到他觉得基本合格了，才会放手让宁鹏去练习。

对朱贺的培训，洪刚从最基本的焊接技能开始。洪刚知道朱贺经验比较少，所以他会手把手地教，非常有耐心。洪刚从对接平焊、开坡口讲到船型焊，每一种方法，都演示一遍，然后督促朱贺操作。朱贺机灵又勤奋，很快掌握了各种焊接方法。这时候，洪刚就要求朱贺去考技术证书。他鼓励三次考试均失败的朱贺继续考："生活中总有一座座大山，翻过去就好。"最终朱贺如愿地在第四次考试中通过了，拿到了技术证书。

在徒弟们掌握基础电焊技能之后，洪刚还会继续严格要求，和徒弟们一起攻坚克难，带领徒弟们翻越一座座技术领域的大山。

洪刚不仅做事认真，对产品质量的要求也很严格。当初，宁鹏刚来没多久，就被洪刚推荐为副班长，宁鹏很疑惑，洪刚认真地对他说："因为你做事很认真，认真是做好工作的第一步，以后你在这个岗位上多锻炼，会有很大提升。"有一次，宁鹏小组出现了一些焊接质量问题，需要返工。在宁鹏面对技术问题犯难时，洪刚主动出面，中午加班，手把手教，认真讲步骤，终于解决了问题。除了教授技术之外，洪刚还会教宁鹏一些组织管理方法，帮助他更快学会高效管理。洪刚一直都有用本子记录的习惯。本子上记录着每人每天的出勤情况、工作量，工作技能的掌握程度等，以便发现问题能随时找到他们。这种仔细的工作方法，使徒弟们受用一生。

洪刚和徒弟们闲聊时，也会提到当初师傅对自己的严格要求。那是洪刚刚进厂的时候，20岁的洪刚，年轻气盛，第一次拿起焊枪，这焊枪小巧，比干农活时间的锄头轻多了，于是他认为焊接比干农活容易多了。因为干农活时，双手要握着锄头，手掌会被锄柄磨出硬茧，一天下来，手酸胳膊痛。这小小的焊枪，完全在自己的掌控之中。正在他兴奋得意之际，他发现焊枪点在钢板上，冒出一溜火星，动作稍慢一些，焊枪就被钢板"粘"住了。他自己也不知道什么原因。师傅见他这样，又耐心地讲解一遍平角焊的焊接方法："左手着地做支点，撑住拿焊枪的右手，这样才能焊得又快又稳。"

可半天过去了，他却还像握锄头一样，双手握着焊枪，不知道怎么使劲儿。他的师傅要求严格，每个人必须操作一遍，合格了，才算过关。师傅眼看着其他学生一个个过了关，而洪刚还在"握锄头"，师傅终于忍不住了，一榔头砸在他的安全帽上。

此刻，倔强的洪刚心里有气想发泄，但他还是忍住了，心

⊙ 2015年，洪刚（左一）与徒弟朱贺在生产现场沟通

想："别人能够做到的事，我也能做到，还要做得更漂亮。我就要做得最好！"

他认真想了想师傅教的技巧，突然明白了，焊枪虽小，但要使用得当才行，焊接得好不好跟焊枪本身没太大关系，跟自己的技巧有更大的关系，技巧是可以反复练习的。于是，每天下班后，同学们都朝宿舍赶，而洪刚吃完晚饭，就悄悄地来到厂区。他拾起几块废钢板，一次次进行练习，练习力度、练习手势。渐渐地，他焊接的钢板符合规定了。但他仍旧不放松，因为他理解的"符合规定"，只能算及格。他给自己定了目标，要做到优秀！所以，他又埋头焊接，争取质量第一，速度第一。有一次，他焊着焊着，忘记了时间，从夜幕降临焊到次日公鸡打鸣。他的汗水早就浸透了防护服，当他拿下面罩的时候，远方的天际泛起了鱼肚白。疲惫的他忘情地挥舞着拳头，朝着初升的旭日大声吼叫。后来，洪刚终于把CO_2气体保护焊的操作技能以及安全技术都学懂了，又把各种位置的焊接技术都学了个遍，从平焊到横焊，再到立焊和仰焊等。他自己也积极参加考级，从电焊初级工，考到中级工。焊接技术、质量、速度等综合评估下来，他从全班14名组员中的倒数第一，冲入前三名。那时的他，心中产生了满满的成就感，他懂得了一个道理：没有学不会的技术，只有不肯学习的心，任何技术都可以通过反复练习实现熟能生巧。

谈到这些往事时，洪刚脸上也露出了笑容，他说："若不是当初师傅严格要求，一榔头砸醒梦中的自己，说不定现在我还是一个不懂踏实学习的愣头青。"洪刚讲这个故事，也是为了激励徒弟们认真学习焊接技术。徒弟们看了看洪刚，笑了，原来他们的师傅也是这样过来的，从生疏到熟练，再到技术高超，一步一步，踏踏实实练出来的。自己哪有理由不好好学习呢？

洪刚不仅要求徒弟们做好本职工作，也要求他们提升学历。洪刚深知，只做好本岗位的事务是不够的，还需要增加专业知识，拓宽视野。他看见徒弟们对提升学历有畏难情绪，便现身说法：他自己也是技校毕业，然后一边工作，一边学习，从技校到大专，再到后来的本科。洪刚的学习经历，也是一段奋斗的历程，既体现了他孜孜不倦的精神，也体现了他勇于上进的性格。他的经历感染了徒弟朱贺，朱贺以洪刚为榜样，也拿到了大专毕业证书，后来又去读了本科。

洪刚不忘初心，凡事亲力亲为。他虽然一步一步提升自己，做了高层领导，但绝不放下一线的工作。到现在，洪刚还天天往一线跑，经常去看基础岗位上的工作情况，时不时地手把手指导一番。洪刚的桌上一直放着一把电焊工具，他经常拿着面罩在基础电焊岗位指导工作，亲自到现场检查各种材料的质量和规格。

洪刚说："我不会忘记自己在一线打拼的那些年，正是那时

⊙ 上图　2015年，洪刚现场检查钢板规格
⊙ 下图　2021年，洪刚（左一）参加班前会质量宣讲

积累起的许多经验，才让我一步一步走到现在。不能因为自己当领导了，就开始怕苦怕累，脱离一线工作。"洪刚明白一线工作是根基，只有打牢基础，与工友们联系在一起，与团队联系在一起，才能在工作上做出更大的贡献。

他参加班前会，时常对徒弟们说："一人进百步，不如百人进一步。"他的谆谆教诲让徒弟们铭记于心。他不仅严格要求自己，也会带着大家一起学习，一起解决困难，一起进步，这样才能让公司的发展更上一层楼。

如今，洪刚带过的徒弟里，有的熟练掌握了一门技术，有的成为部门领导，有的已成为公司的中流砥柱。洪刚不仅自己成长为一名高级技术人员，也为国家、为公司培养了很多人才，他是一个好老师，更是一个值得尊重和学习的榜样。

好丈夫、好爸爸！

洪刚虽然一心扑在工作上，但他也会把妻子和女儿放在重要位置。提到妻子和女儿，他满脸愧疚，觉得这些年忙于工作，对她们关心不够。

他是一个好丈夫。

谈起妻子，洪刚既愧疚又感动。洪刚和妻子是在校园里认识的，后来洪刚一个人去上海工作，他们之间仅靠电话传达爱意。每一次，洪刚与妻子打电话时，都兴冲冲地去公用电话亭，打完又恋恋不舍地离开。就这样，两人用了近百张电话卡，一张张电话卡承载了两人深厚的感情。洪刚十分想念她时，还会坐几个小时的车回家看她。在妻子临产之前，洪刚赶回了家。在他眼里，妻子是生命中十分重要的人，在她最脆弱的时候，自己怎么能不在？妻子顺利生下女儿，母女平安。洪刚看着襁褓中的婴儿，一脸欢喜。他学着给孩子换尿布，亲身体验照顾小孩的辛苦。但没过几天，洪刚就因为工作原因，依依不舍地告别妻子和女儿，再次奔向工作现场。此后，照顾孩子的担子全都落在妻子身上了，对此，洪刚特别愧疚。他唯有更加努力工作，为家庭挣一份安稳和保障。

后来，女儿让爷爷奶奶帮忙带着，妻子去上海和洪刚一起工作。吃的饭菜是简单的，住宿的条件是比较差的，洪刚心疼妻子和自己一起吃苦，好在妻子很理解，也很支持他的工作，这让他很感动。夫妻之间，也偶尔吵架，但洪刚每次都让着妻子，做任何决定都询问妻子的意见，在妻子患腺肌病时，洪刚尽心尽力地照顾她。虽然他不会说甜言蜜语，但他的行为都在表达对妻子的呵护与珍惜。

他是一个好爸爸。

洪刚的女儿出生于2004年。洪刚一直都很忙，但他对孩子的教育和关心从未缺失。孩子从出生到上学之前，一直在老家生活，由爷爷奶奶照顾。后来洪刚夫妇不忍心和孩子分开太久，就让奶奶带着女儿来上海一起生活，并送入学校读书。在女儿的印象里，洪刚一直很忙，早出晚归，连周末都很少休息，在家陪伴自己的时间少之又少。但是每次开家长会，洪刚总会挤出时间参加，认真倾听老师对女儿的建议。洪刚也会经常和老师讨论女儿学习上的事情，然后解释给女儿听。一旦有空，洪刚就会翻看女儿的作业，看一下完成情况。如果有老师的批语，洪刚就会按照批语严格要求女儿完成学习任务并督促她改进。

自学取得本科学历的经历，他也会经常讲给女儿听，希望女儿能懂得学习的重要性。女儿也不负众望，顺利考上了上海的一所大学。

每当国家举办大型博览会，洪刚就会带着女儿去参观，除了开阔女儿的眼界之外，还教育女儿要有"全球化"的观念。比如，他带女儿参加上海世博会后，对女儿说："这次世博会是一次促进思想、经济、文化和技术发展的交流会，我们看到了许多发展的理念、成功的实践和创新，你现在要好好学习，以后也为我们国家的创新实践项目添砖加瓦。"

⊙ 2009年，洪刚参加技师考试

除了严格要求女儿的学习之外，洪刚还会培养女儿的品德。曾经，女儿因为生病需要动手术，急需一笔钱。在他焦急万分时，领导和同事自发组织捐款，短时间内为女儿凑够了手术费用，但最终他只接受了同部门工友的帮助，剩余的大部分费用全部转捐给一个患白血病的孩子。这件事情，他对女儿说过很多次，目的就是教育女儿要有善心和爱心，在别人需要帮助时，积极给予帮助，贡献自己的一份力量。因此，遇到小区里有捐款活动，洪刚总是带着女儿参加，绝不落下。同时，在女儿的生活习惯方面，洪刚也言传身教，如吃饭的时候，碗里的米粒要吃干净，坐着的时候，脚不能搭在凳子上。他也经常把女儿叫到厨房里看一看、学一学。另外他还会要求女儿做一些力所能及的家务活，如刷碗、拖地等。

洪刚对女儿倾注了许多心血，希望女儿健康成长，为祖国的建设贡献一份力量。

他的心愿

2019年，洪刚曾说："现在，我最大的心愿，就是企业能够进入邮轮建造行列，我想乘着亲手焊接的邮轮，带着妻子和女儿

⊙ 国产首艘大型邮轮"爱达·魔都号"

扬帆远航。"说这些的时候，这位硬汉的眼睛竟然有些湿润。

他所在的上海外高桥造船有限公司是一个大型船舶总装厂，1999年成立，25年来以惊人的速度在发展。最近十年，公司紧跟市场的发展，在各个方面都取得了巨大的发展成果。如民船产品方面，有散货船、原油轮、集装箱船、汽车运输船等。海工产品方面，有海上浮式生产储油装置、3000米深水半潜式钻井平台、自升式钻井平台等。

2021年12月17日，国产首艘大型邮轮顺利实现起浮的里程碑节点，标志着该船从结构和舾装建造的"上半场"全面进入内装和系统工程调试的"深水区"。值得激动的是，习近平总书记亲自见证了大型邮轮的意向签约和正式签约。这艘大型邮轮是深入贯彻习近平总书记重要指示精神、落实国家战略、推动高质量发展的一号工程，这个项目备受瞩目。我国首艘国产大型邮轮由上海外高桥造船有限公司紧锣密鼓地建造，摘取了国内船舶行业皇冠上的一颗明珠，推动了中国船舶行业进入大型邮轮行列，圆了中国人的邮轮梦想。

2022年8月8日，大型邮轮二号船正式开工，自此中国迈入"双轮"建造时代。党委书记王琦说："我们外高桥造船全体成员要充分发挥勇于吃苦、敢于斗争、善于攻关、甘于奉献的邮轮精神，以饱满的'新时代'造船精神和高超的造船技能为客户继续打造高质量的船舶精品。"

2023年11月4日，国产首艘大型邮轮完成建造，被命名为"爱达·魔都号"，在上海外高桥造船有限公司举行交付仪式。作为国内大型邮轮的建造者之一，洪刚的心里特别自豪。他说："党中央、国务院和地方政府一直以来关注、关心产业工人队伍建设，我们身边的高技能人才也正不断地自我提升、不断创新，为这个大工程贡献了自己的力量。我相信，最后定能实现中国领先、世界一流的愿景。我们会为加快建设制造强国、质量强国、交通强国，为我们党的第二个百年计划交上满意的答卷而努力奋斗！"

洪刚，一个来自基层的电焊工，通过一步一步的努力，收获了事业上的成功。他爱岗敬业，艰苦奋斗，和伙伴们一起攻克难题，高质量完成任务，推进公司的一个又一个项目。他勇于创新，争创一流，在公司的支持下，获得多项发明专利，填补了造船行业技术上的许多空白。他无私奉献，任劳任怨，在空余时间里奔波忙碌，为基层劳动人民，尤其是为农民工们争取利益。他面对荣誉，泰然处之，一直保持谦虚谨慎的态度。洪刚，是新时代劳动人民的标杆，是产业工人的典范，是民族的精英、人民的楷模！

⊙ 2023年，洪刚参与国产首制邮轮坞内起浮仪式